수능 감 感 잡기

KB190396

수학영역
수학 II

내신에서 수능으로
수능의 시작, 감부터 잡자!

국어, 영어, 수학 I, 수학 II, 확률과 통계, 미적분

내신에서 수능으로 연결되는 포인트를 잡는 학습 전략

내신형 문항
내신 유형의 문항으로
익히는 개념과 해결법

**동일한
소재·유형**

수능형 문항
수능 유형의 문항을
통해 익숙해지는 수능

수능
감[感]
잡기

수학영역
수학 II

EBS 수능 감 잡기 수학Ⅱ **차례**

CONTENTS

EBS 수능 감 잡기 수학 II **구성과 활용법**

STRUCTURE

내신 유형　중간, 기말 고사에 출제될 문항을 선별하여 수록하였다.

개념必잡기　유형에 따른 필수적인 핵심 내용을 중심으로 필요한 정의, 공식 등을 정리하였다.

수능 유형　내신 유형과 동일한 소재의 수능 유형의 문항을 제시하여 수능의 感을 맛볼 수 있도록 구성하였다.

수능感 잡기　수능 유형에 대한 감각을 익힐 수 있도록 '문제 분석 ➡ 유형 주제와 연계된 이전 학년의 단원 개념을 도식화하여 정리 ➡ +α개념 ➡ 풀이 해결 전략 ➡ 수능感쌤의 수능 대비 한 마디!!'의 단계로 구성하였다.

- **문제 분석**　수능 유형 문제를 접근하는 방법, 실마리 등을 제시하였다.
- **+α개념**　이전 학년, 단원에서 배운 개념, 공식, 원리 등을 정리하여 바로 확인하고 익힐 수 있도록 하였다.
- **풀이 해결 전략**　문제를 해결하는 사고 방법을 단계별로 제시하여 수능 유형 문제에 대한 완벽한 이해 및 아이디어를 제공하였다.

수능感 쌤의 수능 대비 한 마디!!　수능 유형의 문제에 대해 핵심적으로 알아야 할 내용과 준비해야 할 내용을 짚어주고 필수적으로 수능 대비에 필요한 것들을 제시하였다.

수능 유형 체크　수능 유형과 유사한 내용의 문제를 제시하여 수능의 感을 익힐 수 있도록 하였다.

수능의 감을 쑥쑥 키워주는 수능 유제　수능 유형의 일반화된 문제를 다시 한번 정리할 수 있도록 3점 문항 수준의 수능 유형의 문항을 선별하여 수록하였다.

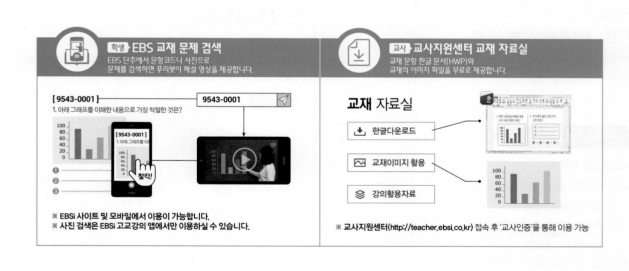

01 좌극한과 우극한

함수 $y=f(x)$의 그래프가 그림과 같다.

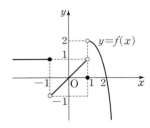

$f(1)+\lim\limits_{x \to 1+} f(x)-\lim\limits_{x \to -1-} f(x)$의 값은?

① -1 ② 0 ③ 1

④ 2 ⑤ 3

풀이

주어진 그래프에서

$f(1)=0$, $\lim\limits_{x \to 1+} f(x)=2$, $\lim\limits_{x \to -1-} f(x)=1$

이므로

$f(1)+\lim\limits_{x \to 1+} f(x)-\lim\limits_{x \to -1-} f(x)$

$=0+2-1$

$=1$

답 ③

개념 必 잡기

• **좌극한과 우극한**

(1) 좌극한 : $\lim\limits_{x \to a-} f(x)=M$일 때, 실수 M을 $x=a$에서의 함수 $f(x)$의 좌극한이라 한다.

(2) 우극한 : $\lim\limits_{x \to a+} f(x)=L$일 때, 실수 L을 $x=a$에서의 함수 $f(x)$의 우극한이라 한다.

• **좌극한, 우극한과 함수의 극한값**

(1) 함수 $f(x)$에서 $x \to a$일 때, $f(x)$의 극한값이 α이면 $x=a$에서의 $f(x)$의 좌극한과 우극한이 모두 존재하고 그 값은 α와 같다. 또, 그 역도 성립한다. 즉,

$$\lim\limits_{x \to a} f(x)=\alpha \Longleftrightarrow \lim\limits_{x \to a+} f(x)=\lim\limits_{x \to a-} f(x)=\alpha$$

(2) 함수 $f(x)$에서 $x=a$에서의 좌극한과 우극한이 모두 존재하더라도 그 값이 서로 같지 않으면, 즉

$\lim\limits_{x \to a+} f(x) \neq \lim\limits_{x \to a-} f(x)$이면 극한값 $\lim\limits_{x \to a} f(x)$는 존재하지 않는다.

함수 $y=f(x)$의 그래프는 $x \geq 0$일 때 그림과 같고, 모든 실수 x에 대하여 $f(-x)=f(x)$이다.

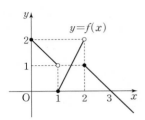

$\lim\limits_{x \to -1+} f(x)+\lim\limits_{x \to 2-} f(x)$의 값은?

① 0 ② 1 ③ 2

④ 3 ⑤ 4

수능 感 잡기

문제 분석

함수의 그래프의 성질을 이용하여 함수의 좌극한과 우극한을 구하는 문제이다.

+α 개념

[수학Ⅱ] 함수의 극한	+	[수학] 도형의 이동

• **[수학] 도형의 이동**

(1) 도형의 대칭이동

방정식 $f(x, y)=0$이 나타내는 도형을 대칭이동한 도형의 방정식은 다음과 같다.

① x축에 대하여 대칭 : $f(x, -y)=0$

② y축에 대하여 대칭 : $f(-x, y)=0$

③ 원점에 대하여 대칭 : $f(-x, -y)=0$

④ 직선 $y=x$에 대하여 대칭 : $f(y, x)=0$

(2) 그래프의 대칭

함수 $y=f(x)$가 모든 실수 x에 대하여

① $f(-x)=f(x)$이면 함수 $y=f(x)$의 그래프는 y축에 대하여 대칭이다.

② $f(-x)=-f(x)$이면 함수 $y=f(x)$의 그래프는 원점에 대하여 대칭이다.

풀이

해결전략 ① 모든 실수에 대한 함수 $y=f(x)$의 그래프 그리기

모든 실수 x에 대하여 $f(-x)=f(x)$이므로 함수 $y=f(x)$의 그래프는 y축에 대하여 대칭이다.

따라서 함수 $y=f(x)$의 그래프는 다음 그림과 같다.

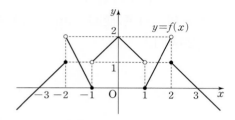

해결전략 ② 극한값 구하기

$\lim\limits_{x\to-1+} f(x)=1$, $\lim\limits_{x\to2-} f(x)=2$이므로

$\lim\limits_{x\to-1+} f(x)+\lim\limits_{x\to2-} f(x)=1+2=3$

답 ④

다른 풀이

$\lim\limits_{x\to-1+} f(x)$에서 $x=-t$라 하면

$f(-x)=f(x)$이고 $x\to-1+$일 때 $t\to1-$이므로

$\lim\limits_{x\to-1+} f(x)=\lim\limits_{t\to1-} f(-t)$

$\qquad\qquad\quad =\lim\limits_{t\to1-} f(t)$

$\qquad\qquad\quad =1$

또, $\lim\limits_{x\to2-} f(x)=2$이므로

$\lim\limits_{x\to-1+} f(x)+\lim\limits_{x\to2-} f(x)=1+2=3$

수능感 쌤의 수능 대비 한 마디!!

그래프가 주어진 함수, 절댓값이 포함된 함수, 범위에 따라 다르게 정의된 함수 등에서 좌극한과 우극한을 구하는 문제가 출제되므로 좌극한과 우극한의 정의를 정확히 이해하고 그래프에서 그 값을 찾는 연습을 충분히 해 두어야 합니다. 또한, 다양하게 변형된 문제를 해결하려면 그래프가 y축에 대하여 대칭인 함수와 원점에 대하여 대칭인 함수의 특징 및 절댓값이 포함된 함수의 그래프를 그리는 방법에 대하여 공부해 둘 필요가 있습니다.

수능유형 체크

○ 9543-0001

함수 $y=f(x)$의 그래프는 $x\geq0$일 때 그림과 같고, 모든 실수 x에 대하여 $f(-x)=-f(x)$이다.

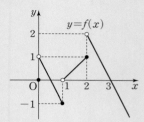

$\lim\limits_{x\to2-} f(x)+\lim\limits_{x\to-1+} f(x)$의 값은?

① -1 ② 0 ③ 1

④ 2 ⑤ 3

문항 속 개념

[수학Ⅱ] 함수의 극한 **+** **[수학]** 도형의 이동

01-1

○ 9543-0002

$\lim\limits_{x \to 1-} \dfrac{|x-1|}{x^2-1} + \lim\limits_{x \to 2+} \dfrac{x^2-x-2}{|x-2|}$ 의 값은?

① $\dfrac{1}{2}$　　　　② 1　　　　③ $\dfrac{3}{2}$

④ 2　　　　⑤ $\dfrac{5}{2}$

01-2

○ 9543-0003

함수 $f(x)$가

$$f(x) = \begin{cases} x^2-x+a & (x<-1) \\ -x+2a & (-1 \le x < 1) \\ 3x^2+2x-a & (x \ge 1) \end{cases}$$

이고, $\lim\limits_{x \to -1} f(x)$의 값이 존재한다. $\lim\limits_{x \to 1+} f(x)$의 값은? (단, a는 상수이다.)

① 1　　　　② 2　　　　③ 3

④ 4　　　　⑤ 5

01-3

▷ 9543-0004

함수 $f(x)$는 모든 실수 x에 대하여 $f(x+4)=f(x)$ 를 만족시키고, $-2<x\le2$에서 함수 $y=f(x)$의 그 래프는 그림과 같다.

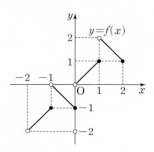

$\displaystyle\lim_{x\to15-}f(x)+\lim_{x\to22+}f(x)$의 값은?

① -3 ② -1 ③ 0

④ 1 ⑤ 3

01-4

▷ 9543-0005

함수 $y=f(x)$의 그래프가 그림과 같다.

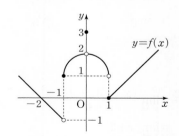

$\displaystyle\lim_{x\to-1-}f(x)+\lim_{x\to0+}f(1-x)$의 값은?

① -1 ② 0 ③ 1

④ 2 ⑤ 3

02 함수의 극한값의 계산

내신 유형

$\displaystyle\lim_{x \to 4} \frac{x^2-x-12}{x-4}$ 의 값은?

① 1   ② 3   ③ 5

④ 7   ⑤ 9

풀이

$$\lim_{x \to 4} \frac{x^2-x-12}{x-4} = \lim_{x \to 4} \frac{(x+3)(x-4)}{x-4}$$
$$= \lim_{x \to 4}(x+3)$$
$$= 4+3$$
$$= 7$$

답 ④

수능 유형

$\displaystyle\lim_{x \to 1} \frac{x^2+x-2}{\sqrt{x+8}-3}$ 의 값은?

① 15   ② 16   ③ 17

④ 18   ⑤ 19

수능 感 잡기

문제 분석

$\frac{0}{0}$ 꼴의 함수의 극한값을 구할 때, 분모 또는 분자에 무리식이 있는 경우에 근호가 있는 쪽을 유리화한 다음 극한값을 구하는 문제이다.

+α 개념

| [수학Ⅱ]
함수의 극한 | + | [수학]
인수분해,
분모의 유리화 |

- **[수학] 인수분해 공식과 분모의 유리화**
  1. 다항식의 인수분해는 하나의 다항식을 두 개 이상의 다항식의 곱으로 나타내는 것이다.
     (1) 인수분해 공식
       ① $a^2+2ab+b^2=(a+b)^2$, $a^2-2ab+b^2=(a-b)^2$
       ② $a^2-b^2=(a+b)(a-b)$
       ③ $x^2+(a+b)x+ab=(x+a)(x+b)$
       ④ $acx^2+(ad+bc)x+bd=(ax+b)(cx+d)$
       ⑤ $a^3+3a^2b+3ab^2+b^3=(a+b)^3$
       ⑥ $a^3-3a^2b+3ab^2-b^3=(a-b)^3$
       ⑦ $a^3+b^3=(a+b)(a^2-ab+b^2)$
       ⑧ $a^3-b^3=(a-b)(a^2+ab+b^2)$
     (2) 삼차 이상의 다항식은 인수정리와 조립제법을 이용하여 인수분해한다.
  2. 분모의 유리화
     분모에 근호가 포함된 식의 분자, 분모에 적당한 수 또는 식을 곱하여 분모에 근호가 포함되지 않도록 변형하는 것을 분모의 유리화라고 한다.

개념 必 잡기

- **함수의 극한값의 계산**
  (1) $\frac{0}{0}$ 꼴의 분수식 : 분자와 분모를 인수분해한 후 약분하여 구한다.
  (2) $\frac{0}{0}$ 꼴의 무리식 : 분자 또는 분모를 유리화하여 구한다.
  (3) $0 \times \infty$ 꼴 : $\frac{0}{0}$ 또는 $\frac{\infty}{\infty}$의 꼴로 변형하여 구한다.
  (4) $\frac{\infty}{\infty}$ 꼴의 분수식 : 분모의 최고차항으로 분자와 분모를 각각 나누어 구한다.
  (5) $\infty - \infty$ 꼴의 무리식 : 분모가 1인 분수식으로 생각하고 분자를 유리화하여 구한다.
  (6) $\infty - \infty$ 꼴의 다항식 : 최고차항으로 묶은 다음 구한다.

해결전략 ❶ 분모를 유리화하기

$$\lim_{x \to 1} \frac{x^2+x-2}{\sqrt{x+8}-3}$$

$$=\lim_{x \to 1} \frac{(x-1)(x+2)(\sqrt{x+8}+3)}{(\sqrt{x+8}-3)(\sqrt{x+8}+3)}$$

$$=\lim_{x \to 1} \frac{(x-1)(x+2)(\sqrt{x+8}+3)}{(\sqrt{x+8})^2-3^2}$$

$$=\lim_{x \to 1} \frac{(x-1)(x+2)(\sqrt{x+8}+3)}{x-1}$$

해결전략 ❷ 극한값 구하기

$$=\lim_{x \to 1} (x+2)(\sqrt{x+8}+3)$$

$$=3(\sqrt{9}+3)$$

$$=3 \times 6 = 18$$

 ④

수능 유형 체크

⚪ 9543-0006

$$\lim_{x \to \infty} (\sqrt{x^2+x+1}-x) \text{의 값은?}$$

① 0 ② $\dfrac{1}{4}$ ③ $\dfrac{1}{2}$

④ $\dfrac{\sqrt{2}}{2}$ ⑤ 1

문항 속 개념

> **[수학Ⅱ]**
> 함수의 극한
>
> **+**
>
> **[수학]**
> 분자의 유리화

수능感 쌤의 수능 대비 한 마디!!

함수의 극한값을 계산하는 간단한 문제들의 자주 출제됩니다. $\dfrac{0}{0}$ 꼴, $\dfrac{\infty}{\infty}$ 꼴, $\infty-\infty$ 꼴, $0 \times \infty$ 꼴 등 다양한 유형의 함수의 극한은 유리식인 경우는 인수분해를 하고 무리식의 경우는 분모 또는 분자를 유리화하여 극한값을 구해야 하므로 1학년 수학에서 배운 다항식의 곱셈 및 인수분해와 무리식에서의 분모의 유리화 등 식의 계산에 익숙해질 때까지 충분히 연습해야 합니다.

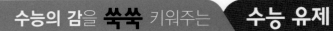

02-1
9543-0007

$\lim\limits_{x \to 2} \dfrac{2x^3 - x^2 - 4x - 4}{x^2 - x - 2}$ 의 값은?

① $\dfrac{16}{3}$ ② 6   ③ $\dfrac{20}{3}$

④ $\dfrac{22}{3}$ ⑤ 8

02-2
9543-0008

$\lim\limits_{x \to 4} \dfrac{2}{x-4}\left(1 - \dfrac{2}{\sqrt{x}}\right)$ 의 값은?

① $\dfrac{1}{8}$ ② $\dfrac{1}{4}$ ③ $\dfrac{3}{8}$

④ $\dfrac{1}{2}$ ⑤ $\dfrac{5}{8}$

02-3

9543-0009

$\displaystyle\lim_{x \to -\infty} \dfrac{\sqrt{x^2+2x-1}-x+1}{4x+3}$의 값은?

① -1　　　② $-\dfrac{1}{2}$　　　③ 0

④ $\dfrac{1}{2}$　　　⑤ 1

02-4

9543-0010

최고차항의 계수가 1인 이차함수 $f(x)$가
$$f(0)=f(2)=2$$
를 만족시킬 때, 〈보기〉에서 극한값이 존재하는 것만을 있는 대로 고른 것은?

보기

ㄱ. $\displaystyle\lim_{x \to 2} \dfrac{x-2}{f(x)-2}$　　　ㄴ. $\displaystyle\lim_{x \to 0} \dfrac{f(x-1)}{x}$

ㄷ. $\displaystyle\lim_{x \to 3} \dfrac{x-3}{\sqrt{f(x)-4}-1}$

① ㄱ　　　② ㄷ　　　③ ㄱ, ㄷ

④ ㄴ, ㄷ　　　⑤ ㄱ, ㄴ, ㄷ

03 함수의 극한에 대한 성질

두 함수 $f(x)$, $g(x)$에 대하여
$$\lim_{x \to 1} f(x) = 3, \quad \lim_{x \to 1}\{2f(x)+3g(x)\} = 21$$
일 때, $\lim_{x \to 1} g(x)$의 값은?

① 1   ② 2   ③ 3

④ 4   ⑤ 5

풀이

$2f(x)+3g(x)=h(x)$라 하면

$g(x)=\dfrac{1}{3}\{h(x)-2f(x)\}$이고 $\lim_{x \to 1} h(x) = 21$이므로

$$\begin{aligned}
\lim_{x \to 1} g(x) &= \lim_{x \to 1} \frac{1}{3}\{h(x)-2f(x)\}\\
&= \frac{1}{3}\lim_{x \to 1}h(x) - \frac{2}{3}\lim_{x \to 1}f(x)\\
&= \frac{1}{3}\times 21 - \frac{2}{3}\times 3\\
&= 5
\end{aligned}$$

답 ⑤

함수 $f(x)$에 대하여
$$\lim_{x \to 3}\frac{f(x)-5}{x-3} = 2$$
일 때, $\lim_{x \to 1}\dfrac{x^2+x-2}{f(x+2)-5}$의 값은?

① $\dfrac{1}{2}$ ② 1   ③ $\dfrac{3}{2}$

④ 2   ⑤ $\dfrac{5}{2}$

개념 잡기

• 함수의 극한에 대한 기본 성질

두 함수 $f(x)$, $g(x)$에 대하여

$\lim_{x \to a} f(x) = L$, $\lim_{x \to a} g(x) = M$ (L, M은 실수)일 때

(1) $\lim_{x \to a} cf(x) = c\lim_{x \to a}f(x) = cL$ (단, c는 상수)

(2) $\lim_{x \to a}\{f(x)+g(x)\} = \lim_{x \to a}f(x) + \lim_{x \to a}g(x) = L+M$

(3) $\lim_{x \to a}\{f(x)-g(x)\} = \lim_{x \to a}f(x) - \lim_{x \to a}g(x) = L-M$

(4) $\lim_{x \to a}f(x)g(x) = \lim_{x \to a}f(x)\lim_{x \to a}g(x) = LM$

(5) $\lim_{x \to a}\dfrac{f(x)}{g(x)} = \dfrac{\lim_{x \to a}f(x)}{\lim_{x \to a}g(x)} = \dfrac{L}{M}$ (단, $M \neq 0$)

(6) a에 가까운 모든 실수 x에 대하여
$f(x) \leq g(x)$이면 $L \leq M$

(7) a에 가까운 모든 실수 x에 대하여
$f(x) \leq h(x) \leq g(x)$이고 $L = M$이면 $\lim_{x \to a}h(x) = L$

수능 感 잡기

문제 분석

함수의 극한에 대한 성질을 이용하여 극한값을 구하는 문제이다.

+α 개념

| [수학Ⅱ] 함수의 극한 | + | [중 3] 인수분해 |

• [중 3] 인수분해 공식

(1) $a^2+2ab+b^2 = (a+b)^2$
$a^2-2ab+b^2 = (a-b)^2$

(2) $a^2-b^2 = (a+b)(a-b)$

(3) $x^2+(a+b)x+ab = (x+a)(x+b)$

(4) $acx^2+(ad+bc)x+bd = (ax+b)(cx+d)$

풀이

해결전략 ❶ 주어진 식에서 $x+2=t$로 치환하기

$x+2=t$라 하면 $x \longrightarrow 1$일 때 $t \longrightarrow 3$이므로

$\displaystyle\lim_{x \to 1} \frac{x^2+x-2}{f(x+2)-5}$

$=\displaystyle\lim_{x \to 1} \frac{(x+2)(x-1)}{f(x+2)-5}$

$=\displaystyle\lim_{t \to 3} \frac{t(t-3)}{f(t)-5}$

해결전략 ❷ 함수의 극한에 대한 기본 성질을 이용하여 극한값 구하기

$=\displaystyle\lim_{t \to 3} \left\{ t \times \frac{t-3}{f(t)-5} \right\}$

$=3 \times \dfrac{1}{2}$

$=\dfrac{3}{2}$

답 ③

수능 유형 체크

○ 9543-0011

함수 $f(x)$에 대하여

$$\lim_{x \to 0} \frac{f(x)}{x} = 3$$

일 때, $\displaystyle\lim_{x \to 3} \frac{x^3-2x^2-9}{f(x-3)}$의 값은?

① 1   ② 3   ③ 5

④ 7   ⑤ 9

문항 속 개념

[수학Ⅱ] 함수의 극한 **+** **[수학]** 인수분해

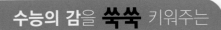

03-1
◐ 9543-0012

함수 $f(x)$에 대하여

$$\lim_{x \to 0} \frac{f(x)}{x} = 5$$

일 때, $\lim\limits_{x \to 0} \dfrac{f(x) - 3x^2 + 5x}{2x^4 + 3x}$의 값은?

① $\dfrac{10}{3}$ ② $\dfrac{13}{3}$ ③ $\dfrac{16}{3}$

④ $\dfrac{19}{3}$ ⑤ $\dfrac{22}{3}$

03-2
◐ 9543-0013

두 함수 $f(x)$, $g(x)$에 대하여

$$\lim_{x \to 2} \{2f(x) + 3g(x)\} = 3$$

$$\lim_{x \to 2} \{4f(x) - g(x)\} = 13$$

일 때, $\lim\limits_{x \to 2} \{f(x) + g(x)\}$의 값은?

① 1   ② 2   ③ 3

④ 4   ⑤ 5

03-3

🔘 9543-0014

두 함수 $f(x)$, $g(x)$가 다음 조건을 만족시킬 때,

$\lim\limits_{x \to \infty} \dfrac{3f(x) - g(x)}{2f(x) + 5g(x)} = \dfrac{q}{p}$이다. $p+q$의 값을 구하시

오. (단, p와 q는 서로소인 자연수이다.)

(가) $\lim\limits_{x \to \infty} f(x) = \infty$

(나) $\lim\limits_{x \to \infty} \dfrac{f(x) + g(x)}{f(x) - g(x)} = 2$, $f(x) \neq g(x)$

03-4

🔘 9543-0015

두 함수

$$f(x) = x^3 - 3x^2 + x + 5$$
$$g(x) = -x^4 + x^2 + 4$$

와 모든 양의 실수 x에 대하여 함수 $h(x)$가

$$g(x) \leq h(x) \leq f(x)$$

를 만족시킨다. $\lim\limits_{x \to 1} \dfrac{h(x) - 4}{x - 1}$의 값은?

① -1 ② -2 ③ -3

④ -4 ⑤ -5

04 미정계수와 함수식의 결정

두 상수 a, b에 대하여

$$\lim_{x \to 1} \frac{x^2+ax+b}{x-1} = -3$$

일 때, $a-b$의 값은?

① -10 ② -9 ③ -8
④ -7 ⑤ -6

풀이

$\lim\limits_{x \to 1} \dfrac{x^2+ax+b}{x-1} = -3$에서 $x \to 1$일 때 (분모) $\to 0$이고 극한

값이 존재하므로 (분자) $\to 0$이어야 한다.

즉, $\lim\limits_{x \to 1} (x^2+ax+b) = 0$에서

$1+a+b=0$이므로 $a=-(1+b)$ ⋯⋯ ㉠

$$\begin{aligned}
\lim_{x \to 1} \frac{x^2+ax+b}{x-1} &= \lim_{x \to 1} \frac{x^2-(1+b)x+b}{x-1} \\
&= \lim_{x \to 1} \frac{(x-1)(x-b)}{x-1} \\
&= \lim_{x \to 1} (x-b) \\
&= 1-b = -3
\end{aligned}$$

$b=4$

이를 ㉠에 대입하면

$a=-5$

따라서 $a-b=-5-4=-9$

답 ②

개념 必 잡기

• 미정계수와 함수식의 결정

두 다항함수 $f(x)$, $g(x)$에 대하여

(1) $\lim\limits_{x \to a} \dfrac{f(x)}{g(x)} = a$ (a는 실수)일 때

  ① $\lim\limits_{x \to a} g(x) = 0$이면 $\lim\limits_{x \to a} f(x) = 0$이다.

  ② $a \neq 0$이고 $\lim\limits_{x \to a} f(x) = 0$이면 $\lim\limits_{x \to a} g(x) = 0$이다.

(2) $\lim\limits_{x \to \infty} \dfrac{f(x)}{g(x)} = a$ (a는 실수)일 때, $a \neq 0$이면 $f(x)$와 $g(x)$의

  차수가 같다.

다항함수 $f(x)$가 다음 조건을 만족시킨다.

(가) $\lim\limits_{x \to \infty} \dfrac{f(x)-2x^3}{x^2} = -5$

(나) $\lim\limits_{x \to 1} \dfrac{f(x)}{x-1} = -5$

$f(2)$의 값은?

① -1 ② -2 ③ -3
④ -4 ⑤ -5

수능 感 잡기

문제 분석

함수의 극한에 대하여 제시된 조건에서 다항함수의 차수 및 미정계수를
결정하여 함수를 구하는 문제이다.

+α 개념

[수학Ⅱ]
함수의 극한
➕
[수학]
인수분해

• [수학] 인수정리를 이용한 인수분해

x에 대한 다항식 $P(x)$에서 $P(a)=0$이면 다항식 $P(x)$는 일차식

$x-a$로 나누어떨어지므로

$$P(x) = (x-a)Q(x)$$

의 꼴로 인수분해할 수 있다.

풀이

해결전략 ❶ 조건 (가)를 이용하여 함수 $f(x)$의 차수 구하기

조건 (가)에서 $f(x)-2x^3$이 최고차항의 계수가 -5인 이차식이어야 하므로

$f(x)=2x^3-5x^2+ax+b$ (단, a, b는 상수) ······ ㉠

로 놓을 수 있다.

해결전략 ❷ 조건 (나)를 이용하여 미정계수 결정하기

조건 (나)에서 $x \to 1$일 때 (분모) $\to 0$이고 극한값이 존재하므로 (분자) $\to 0$이어야 한다.

즉, $\lim\limits_{x \to 1} f(x)=f(1)=0$에서

$-3+a+b=0$이므로

$b=3-a$ ······ ㉡

㉡을 ㉠에 대입하면

$f(x)=2x^3-5x^2+ax+3-a$

이므로

$$\lim_{x \to 1}\frac{f(x)}{x-1}=\lim_{x \to 1}\frac{2x^3-5x^2+ax+3-a}{x-1}$$
$$=\lim_{x \to 1}\frac{(x-1)(2x^2-3x+a-3)}{x-1}$$
$$=\lim_{x \to 1}(2x^2-3x+a-3)$$
$$=a-4=-5$$

에서 $a=-1$

해결전략 ❸ $f(2)$의 값 구하기

따라서 $f(x)=2x^3-5x^2-x+4$이므로

$f(2)=2\times 2^3-5\times 2^2-2+4=-2$

 ②

수능感 쌤의 수능 대비 한 마디!!!

함수의 극한에 대한 조건이 주어질 때, 미정계수를 구하거나 함숫값을 구하는 문제가 출제됩니다. $\dfrac{0}{0}$ 꼴의 극한과 $\dfrac{\infty}{\infty}$ 꼴의 극한에서 극한값이 존재할 때의 특징이 무엇인지 정확히 파악해야 합니다. 인수정리를 이용한 고차식의 인수분해가 자주 사용되니 기본적인 식의 계산도 연습해 두어야 합니다.

수능 유형 체크

○ 9543-0016

일차함수 $f(x)$가

$$\lim_{x \to 3}\frac{f(x)-5x+1}{x^2-9}=1$$

을 만족시킬 때, $f(2)$의 값은?

① 1　　　　② 2　　　　③ 3

④ 4　　　　⑤ 5

문항 속 개념

[수학 II]
함수의 극한
$+$
[수학]
인수분해

04-1

○ 9543-0017

두 상수 a, b에 대하여

$$\lim_{x \to a} \frac{x^2+2ax+b}{x-a}=2b$$

일 때, $a+b$의 값은? (단, $a \neq 0$)

① -2 ② $-\dfrac{5}{3}$ ③ $-\dfrac{4}{3}$

④ -1 ⑤ $-\dfrac{2}{3}$

04-2

○ 9543-0018

두 상수 a, b에 대하여

$$\lim_{x \to 2} \frac{\sqrt{ax+b}-3}{x-2}=-1$$

일 때, $a+b$의 값은?

① 3   ② 6   ③ 9

④ 12   ⑤ 15

04-3

9543-0019

다항함수 $f(x)$가 다음 조건을 만족시킨다.

> (가) $f(1)=10$
>
> (나) $\lim\limits_{x\to 0}\dfrac{f(x)}{x}=7$
>
> (다) $\lim\limits_{x\to\infty}\dfrac{f(x)}{x^3}=0$

$f(2)$의 값은?

① 22   ② 24   ③ 26

④ 28   ⑤ 30

04-4

9543-0020

다항함수 $f(x)$가 다음 조건을 만족시킨다.

> (가) $\lim\limits_{x\to 1+}\dfrac{(x-1)^3 f\left(\dfrac{1}{x-1}\right)-2}{x^2-x}=3$
>
> (나) $\lim\limits_{x\to 2}\dfrac{f(x)}{x^2+x-6}=\dfrac{26}{5}$

$f(1)$의 값은?

① -11 ② -13 ③ -15

④ -17 ⑤ -19

05 함수의 극한의 활용

그림과 같이 곡선 $y=\sqrt{2x}$ $(x>0)$ 위의 점 $P(t, \sqrt{2t})$에서 x축에 내린 수선의 발을 H라 하자. $\overline{OP}-\overline{OH}$의 값을 $f(t)$라 할 때, $\lim\limits_{t\to\infty} f(t)$의 값은? (단, O는 원점이다.)

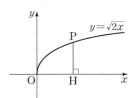

① $\dfrac{1}{4}$ ② $\dfrac{1}{2}$ ③ $\dfrac{\sqrt{2}}{2}$

④ 1 ⑤ $\sqrt{2}$

풀이

$\overline{OP}=\sqrt{t^2+2t}$, $\overline{OH}=t$이므로

$f(t)=\sqrt{t^2+2t}-t$

따라서

$\begin{aligned}
\lim_{t\to\infty} f(t) &= \lim_{t\to\infty}(\sqrt{t^2+2t}-t) \\
&= \lim_{t\to\infty}\frac{(\sqrt{t^2+2t}-t)(\sqrt{t^2+2t}+t)}{(\sqrt{t^2+2t}+t)} \\
&= \lim_{t\to\infty}\frac{2t}{\sqrt{t^2+2t}+t}=\lim_{t\to\infty}\frac{2}{\sqrt{1+\dfrac{2}{t}}+1} \\
&= \frac{2}{1+1}=1
\end{aligned}$

답 ④

개념 必 잡기

- **도형이나 그래프에서 함수의 극한의 활용**
  (1) 도형이나 함수의 그래프와 관련된 함수의 극한에 관련된 문제는 주어진 도형이나 함수의 그래프의 특성을 파악하는 것이 우선 과제이다.
  (2) 주어진 조건을 만족시키도록 관계식 또는 함수식을 세운다.
  (3) 관계식을 $\dfrac{0}{0}$ 꼴, $\dfrac{\infty}{\infty}$ 꼴로 변형하여 극한값을 구하도록 한다.

그림과 같이 함수 $y=\sqrt{x}$ $(x>0)$의 그래프 위에 두 점 $P(t, \sqrt{t})$, $Q(t+1, \sqrt{t+1})$이 있다. 점 P에서 y축에 내린 수선의 발을 R라 하고, 삼각형 PQR의 넓이를 $S(t)$라 하자. $\lim\limits_{t\to\infty}\dfrac{S(t)}{\sqrt{t}}$의 값은?

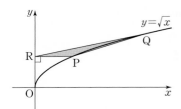

① $\dfrac{1}{12}$ ② $\dfrac{1}{6}$ ③ $\dfrac{1}{4}$

④ $\dfrac{1}{3}$ ⑤ $\dfrac{1}{2}$

수능 感 잡기

문제 분석

무리함수의 그래프를 이용하여 삼각형의 넓이를 t에 대한 식으로 나타낸 후 극한값을 구하는 문제이다.

+α 개념

> [수학Ⅱ] 함수의 극한 **+** [수학] 무리함수

- **[수학] 무리함수 $y=\sqrt{ax}$ $(a\neq0)$의 그래프**
  (1) $a>0$이면 정의역은 $\{x\,|\,x\geq0\}$, 치역은 $\{y\,|\,y\geq0\}$이고, $a<0$이면 정의역은 $\{x\,|\,x\leq0\}$, 치역은 $\{y\,|\,y\geq0\}$이다.
  (2) $a>0$이면 그래프가 제1사분면에 있고, $a<0$이면 그래프가 제2사분면에 있다.
  (3) $|a|$의 값이 클수록 그래프는 x축에서 멀어진다.

풀이

해결전략 ① 삼각형의 넓이를 t에 대한 식으로 나타내기

$\overline{PR}=t$이고 점 Q와 직선 PR 사이의 거리를 h라 하면

$h=\sqrt{t+1}-\sqrt{t}$이므로

$S(t)=\dfrac{1}{2}\times t\times(\sqrt{t+1}-\sqrt{t})$

$\quad\ \ =\dfrac{t(\sqrt{t+1}-\sqrt{t})}{2}$

해결전략 ② 분자를 유리화하여 극한값 구하기

$\displaystyle\lim_{t\to\infty}\dfrac{S(t)}{\sqrt{t}}=\lim_{t\to\infty}\dfrac{t(\sqrt{t+1}-\sqrt{t})}{2\sqrt{t}}$

$\qquad\quad=\lim_{t\to\infty}\dfrac{t(\sqrt{t+1}-\sqrt{t})(\sqrt{t+1}+\sqrt{t})}{2\sqrt{t}(\sqrt{t+1}+\sqrt{t})}$

$\qquad\quad=\lim_{t\to\infty}\dfrac{t}{2(\sqrt{t^2+t}+t)}$

$\qquad\quad=\lim_{t\to\infty}\dfrac{1}{2\left(\sqrt{1+\dfrac{1}{t}}+1\right)}$

$\qquad\quad=\dfrac{1}{4}$

답 ③

수능 대비 한 마디!!!

도형 또는 함수의 그래프가 주어진 상황에서 함수의 극한값을 구하는 문제를 해결할 때에는 주어진 조건을 적절히 이용하여 관계식을 정확히 구하는 것이 문제의 해결의 핵심입니다. 관계식을 구하고 나면 간단한 극한값의 계산 문제가 되므로 도형이나 함수의 그래프에 관련된 개념을 잘 익혀두어야 합니다.

수능유형 체크

◐ 9543-0021

그림과 같이 1보다 큰 실수 t에 대하여 곡선 $y=x^2$ 위의 점 $P(t,\ t^2)$을 지나고 기울기가 1인 직선이 곡선 $y=x^2$과 제2사분면에서 만나는 점을 Q라 하자. 삼각형 OPQ의 넓이를 $f(t)$라 할 때, $\displaystyle\lim_{t\to1+}\dfrac{f(t)}{t-1}$의 값은?

(단, O는 원점이다.)

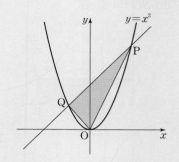

① $\dfrac{1}{6}$ ② $\dfrac{1}{3}$ ③ $\dfrac{1}{2}$

④ $\dfrac{2}{3}$ ⑤ $\dfrac{5}{6}$

문항 속 개념

[수학Ⅱ] 함수의 극한 **＋** **[수학]** 이차방정식과 이차함수

05-1

◆ 9543-0022

함수 $f(x)=\dfrac{2x}{x-3}$에 대하여 그림과 같이 제1사분면에 함수 $y=f(x)$의 그래프 위의 점 $P(t,\ f(t))$가 있다. 점 P에서 y축에 내린 수선의 발을 A, 점 P에서 함수 $y=f(x)$의 그래프의 x축과 평행한 점근선에 내린 수선의 발을 B라 하자. 삼각형 ABP의 넓이를 $S(t)$라 할 때, $\lim\limits_{t\to\infty}S(t)$의 값은?

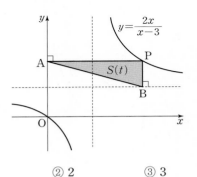

① 1   ② 2   ③ 3

④ 4   ⑤ 5

05-2

◆ 9543-0023

그림과 같이 좌표평면 위의 점 $A(2,\ 0)$과 직선 $y=2x$ 위의 점 $B(t,\ 2t)$에 대하여 $\angle OBA$의 이등분선이 선분 OA와 만나는 점을 P라 하자. 점 P의 x좌표를 $f(t)$라 할 때, $\lim\limits_{t\to\infty}f(t)$의 값은? (단, $t>0$이고 O은 원점이다.)

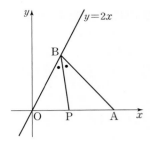

① $\dfrac{1}{5}$ ② $\dfrac{2}{5}$ ③ $\dfrac{3}{5}$

④ $\dfrac{4}{5}$ ⑤ 1

05-3

⊙ 9543-0024

그림과 같이 한 변의 길이가 3인 정삼각형 ABC가 있다. 선분 BC 위의 점 P$\left(\dfrac{3}{4}<\overline{BP}<\dfrac{9}{8}\right)$를 지나고 선분 BC에 수직인 직선이 선분 AB와 만나는 점을 Q, 점 Q를 지나고 선분 AB에 수직인 직선이 선분 AC와 만나는 점을 R, 점 R를 지나고 선분 AC에 수직인 직선이 선분 BC와 만나는 점을 S라 하자. $\overline{BP}=x$일 때, 삼각형 BPQ의 넓이를 $f(x)$, 삼각형 SCR의 넓이를 $g(x)$라 하자. $\displaystyle\lim_{x\to1}\dfrac{g(x)-f(x)}{x-1}$의 값은?

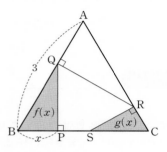

① $\dfrac{3\sqrt{3}}{2}$ ② $2\sqrt{3}$ ③ $\dfrac{5\sqrt{3}}{2}$

④ $3\sqrt{3}$ ⑤ $\dfrac{7\sqrt{3}}{2}$

05-4

⊙ 9543-0025

그림과 같이 중심이 O이고 반지름의 길이가 1인 원 위의 점 A에 대하여 선분 OA 위의 점 P를 지나고 선분 OA에 수직인 직선이 원과 만나는 점을 Q, 점 Q에서 원에 접하는 직선이 직선 OA와 만나는 점을 R라 하자. $\overline{OP}=x\ (0<x<1)$일 때, 선분 QR의 길이를 $f(x)$, 선분 AR의 길이를 $g(x)$라 하자. $\displaystyle\lim_{x\to0+}\{f(x)-g(x)\}$의 값을 구하시오.

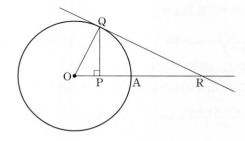

06 함수의 연속

내신 유형

함수

$$f(x)=\begin{cases} \dfrac{x^2-6x+a}{x-1} & (x\neq 1) \\ b & (x=1) \end{cases}$$

가 실수 전체의 집합에서 연속일 때, 두 상수 a, b에 대하여 $a+b$의 값을 구하시오.

풀이

함수 $f(x)$가 실수 전체의 집합에서 연속이 되려면 $x=1$에서 연속이어야 하므로 $\lim\limits_{x\to 1} f(x)=f(1)$이다.

$\lim\limits_{x\to 1}\dfrac{x^2-6x+a}{x-1}=b$에서 $x\to 1$일 때 (분모)$\to 0$이고 극한값이 존재하므로 (분자)$\to 0$이어야 한다.

즉, $\lim\limits_{x\to 1}(x^2-6x+a)=0$에서 $1-6+a=0$이므로 $a=5$

$b=\lim\limits_{x\to 1}\dfrac{x^2-6x+a}{x-1}=\lim\limits_{x\to 1}\dfrac{x^2-6x+5}{x-1}$

$\quad =\lim\limits_{x\to 1}\dfrac{(x-1)(x-5)}{x-1}=\lim\limits_{x\to 1}(x-5)=-4$

따라서 $a+b=5+(-4)=1$

답 1

개념 必 잡기

- **함수의 연속**

  함수 $f(x)$가 실수 a에 대하여 다음 세 조건을 만족시킬 때, 함수 $f(x)$는 $x=a$에서 연속이라 한다.
  (i) $f(x)$가 $x=a$에서 정의되어 있다.
  (ii) 극한값 $\lim\limits_{x\to a} f(x)$가 존재한다.
  (iii) $\lim\limits_{x\to a} f(x)=f(a)$

- **연속함수의 성질**

  두 함수 $f(x)$, $g(x)$가 $x=a$에서 연속이면 다음 함수도 모두 $x=a$에서 연속이다.
  (1) $cf(x)$ (단, c는 상수) (2) $f(x)\pm g(x)$
  (3) $f(x)g(x)$ (4) $\dfrac{f(x)}{g(x)}$ (단, $g(a)\neq 0$)

- **사잇값 정리**

  함수 $f(x)$가 닫힌구간 $[a,\ b]$에서 연속이고 $f(a)\neq f(b)$일 때, $f(a)$와 $f(b)$ 사이의 임의의 실수 k에 대하여 $f(c)=k$인 c가 열린구간 $(a,\ b)$에 적어도 하나 존재한다.

수능 유형

양의 실수 r에 대하여 원 $x^2+y^2=r^2$과 직선 $3x-4y+10=0$의 교점의 개수를 $f(r)$라 하자. 함수 $g(r)=(r^2+a)f(r)$가 양의 실수 전체의 집합에서 연속이 되도록 하는 상수 a의 값은?

① -1 ② -2 ③ -3
④ -4 ⑤ -5

수능 感 잡기

문제 분석

원과 직선의 교점의 개수를 원의 반지름의 길이 r를 이용하여 나타내고, 두 함수의 곱이 연속이기 위한 조건을 함수의 연속성을 이용하여 구하는 문제이다.

+α 개념

[수학Ⅱ] 함수의 연속 **+** [수학] 원과 직선의 위치관계

- **[수학] 원과 직선의 위치관계**

  (1) 이차방정식의 판별식을 이용하는 방법 외에 원의 중심에서 직선까지의 거리와 반지름의 길이를 비교하여 위치 관계를 판단할 수 있다.

  원 $(x-a)^2+(y-b)^2=r^2$과
  직선 $mx+ny+l=0$에 대하여 원의 중심
  $(a,\ b)$에서 직선까지의 거리를 d라고 하면
  ① $d<r \iff$ 서로 다른 두 점에서 만난다.
  ② $d=r \iff$ 한 점에서 만난다. (접한다.)
  ③ $d>r \iff$ 만나지 않는다.

  (2) 점과 직선 사이의 거리
  점 $\mathrm{P}(x_1,\ y_1)$과 직선 $ax+by+c=0$ 사이의 거리 d는

  $$d=\dfrac{|ax_1+by_1+c|}{\sqrt{a^2+b^2}}$$

  특히, 원점과 직선 사이의 거리는 $\dfrac{|c|}{\sqrt{a^2+b^2}}$

풀이

해결전략 ① 원의 반지름의 길이와 원의 중심에서 직선 사이의 거리를 비교하여 $f(r)$ 구하기

원 $x^2+y^2=r^2$의 중심인 원점과 직선 $3x-4y+10=0$ 사이의 거리가

$$\frac{|10|}{\sqrt{3^2+(-4)^2}}=2$$

이므로

$$f(r)=\begin{cases} 0 & (0<r<2) \\ 1 & (r=2) \\ 2 & (r>2) \end{cases}$$

해결전략 ② 양의 실수 전체의 집합에서 연속이기 위한 조건을 이용하여 a의 값 구하기

함수 $y=r^2+a$는 양의 실수 전체의 집합에서 연속이므로 함수 $g(r)$가 양의 실수 전체의 집합에서 연속이려면 $r=2$에서 연속이어야 한다.

이때

$$\lim_{r \to 2+} g(r)=\lim_{r \to 2+}(r^2+a)\times 2=2(4+a)$$

$$\lim_{r \to 2-} g(r)=\lim_{r \to 2-}(r^2+a)\times 0=0$$

$$g(2)=(4+a)f(2)=4+a$$

이므로 함수 $g(r)$가 $r=2$에서 연속이 되려면

$$2(4+a)=0=4+a$$

따라서 $a=-4$

답 ④

수능 유형 체크

◉ 9543-0026

함수

$$f(x)=\begin{cases} x+2 & (x \le 0) \\ -x+a & (x>0) \end{cases}$$

가 $x=0$에서 불연속이고 함수 $f(x)f(x-1)$은 $x=1$에서 연속일 때, 상수 a의 값은?

① -2 ② -1 ③ 0

④ 1 ⑤ 2

문항 속 개념

[수학Ⅱ] 함수의 극한 **+** [수학] 도형의 평행이동

06-1

> 9543-0027

함수

$$f(x) = \begin{cases} x+1 & (x \le 2) \\ ax-3 & (x > 2) \end{cases}$$

이 실수 전체의 집합에서 연속이 되도록 하는 상수 a의 값은?

① 1   ② 2   ③ 3

④ 4   ⑤ 5

06-2

> 9543-0028

정의역이 $\{x \,|\, -2 \le x \le 2\}$인 두 함수 $y=f(x)$, $y=g(x)$의 그래프가 그림과 같다.

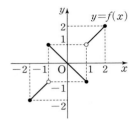 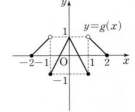

〈보기〉에서 옳은 것만을 있는 대로 고른 것은?

┌ 보기 ├

ㄱ. $\lim\limits_{x \to 1+} f(x) + \lim\limits_{x \to -1-} g(x) = 2$

ㄴ. 함수 $f(x)g(x)$는 $x=1$에서 연속이다.

ㄷ. 방정식 $2f(x)g(x) - 1 = 0$은 열린구간 $(-1, 1)$에서 실근을 갖는다.

① ㄱ   ② ㄷ   ③ ㄱ, ㄴ

④ ㄱ, ㄷ   ⑤ ㄱ, ㄴ, ㄷ

06-3

○ 9543-0029

함수
$$f(x) = \begin{cases} 1 & (\,|x| \geq 1) \\ x^2 - 2 & (\,|x| < 1) \end{cases}$$
의 그래프가 그림과 같다.

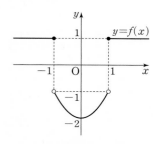

함수 $g(x) = x + 2$에 대하여 함수 $f(x)g(x-k)$가 $x = -1$에서 연속이 되도록 하는 상수 k의 값을 a, $x = 1$에서 연속이 되도록 하는 상수 k의 값을 b라 하자. $a + b$의 값은?

① 1   ② 2   ③ 3

④ 4   ⑤ 5

06-4

○ 9543-0030

두 함수
$$f(x) = \begin{cases} x & (\,|x| \leq 1) \\ -x & (\,|x| > 1) \end{cases}, \ g(x) = \begin{cases} 0 & (x < 0) \\ x - 1 & (x \geq 0) \end{cases}$$
에 대하여 옳은 것만을 〈보기〉에서 있는 대로 고른 것은?

┤ 보기 ├

ㄱ. 함수 $|f(x)|$는 실수 전체의 집합에서 연속이다.

ㄴ. 함수 $f(x) + f(-x)$는 $x = 1$에 대하여 연속이다.

ㄷ. 함수 $f(x)g(|x|)$는 실수 전체의 집합에서 연속이다.

① ㄱ   ② ㄴ   ③ ㄱ, ㄴ

④ ㄱ, ㄷ   ⑤ ㄱ, ㄴ, ㄷ

07 미분계수와 도함수

함수 $f(x)=x^2+ax+2a^2$에 대하여

$$\lim_{h \to 0} \frac{f(2+2h)-f(2-h)}{h}=6$$

일 때, $f(1)$의 값은? (단, a는 상수이다.)

① 5　　　　　② 6　　　　　③ 7

④ 8　　　　　⑤ 9

풀이

$$\lim_{h \to 0} \frac{f(2+2h)-f(2-h)}{h}$$

$$=\lim_{h \to 0} \frac{f(2+2h)-f(2)-f(2-h)+f(2)}{h}$$

$$=\lim_{h \to 0} \frac{f(2+2h)-f(2)}{2h} \times 2 + \lim_{h \to 0} \frac{f(2-h)-f(2)}{-h}$$

$$=2f'(2)+f'(2)$$

$$=3f'(2)=6$$

즉, $f'(2)=2$

따라서 $f(x)=x^2+ax+2a^2$에서

$f'(x)=2x+a$

$f'(2)=4+a=2$

$a=-2$

이므로

$f(x)=x^2-2x+8$

즉, $f(1)=1-2+8=7$

답 ③

개념 必 잡기

• **미분계수와 도함수**

(1) 함수 $y=f(x)$의 $x=a$에서의 미분계수는

$$f'(a)=\lim_{\Delta x \to 0} \frac{f(a+\Delta x)-f(a)}{\Delta x}$$

$$=\lim_{h \to 0} \frac{f(a+h)-f(a)}{h}$$

(2) 미분법의 기본 공식

두 함수 $f(x)$, $g(x)$가 미분가능할 때,

① $f(x)=c$ (c는 상수) $\implies f'(x)=0$

② $f(x)=x^n$ (n은 자연수) $\implies f'(x)=nx^{n-1}$

③ $\{kf(x)\}'=kf'(x)$ (k는 상수)

④ $\{f(x)\pm g(x)\}'=f'(x)\pm g'(x)$ (복부호동순)

⑤ $\{f(x)g(x)\}'=f'(x)g(x)+f(x)g'(x)$

함수

$$f(x)=\begin{cases} x^2+ax & (x<1) \\ bx^2+2x-4 & (x \geq 1) \end{cases}$$

가 $x=1$에서 미분가능할 때, $f(-1)+f(2)$의 값은?

(단, a, b는 상수이다.)

① -9　　　　② -7　　　　③ -5

④ -3　　　　⑤ -1

수능 感 잡기

문제 분석

미분가능의 정의를 이용하여 구간별로 주어진 함수식의 미정계수를 정하고 함숫값을 구하는 문제이다.

+α 개념

[수학Ⅱ]　　+　　[중2]
미분가능　　　연립일차방정식의 풀이

• **[중2] 연립일차방정식의 풀이**

미지수가 2개인 연립일차방정식은 두 방정식을 적당히 변형한 후 미지수 한 개를 소거하여 미지수가 한 개인 일차방정식을 만들어 푼다.

(1) 가감법 : 두 방정식을 더하거나 빼서 한 미지수를 소거하여 해를 구하는 방법

(2) 대입법 : 연립방정식의 한 방정식을 한 미지수에 관하여 풀어서 그것을 다른 방정식에 대입하여 해를 구하는 방법

풀이

해결전략 ❶ 함수 $f(x)$가 $x=1$에서 연속임을 이용하여 a, b 사이의 관계식 구하기

함수 $f(x)$는 $x=1$에서 미분가능하므로 $x=1$에서 연속이어야 한다.

$$\lim_{x \to 1-} f(x) = \lim_{x \to 1+} f(x) = f(1)$$

즉, $\lim_{x \to 1-}(x^2+ax) = \lim_{x \to 1+}(bx^2+2x-4)=b-2$

에서 $1+a=b-2$이므로

$a-b=-3$ ⋯⋯⋯ ㉠

해결전략 ❷ 함수 $f(x)$가 $x=1$에서 미분가능함을 이용하여 a, b 의 값 구하기

또한, $f'(1)$이 존재해야 하므로

$$\lim_{h \to 0-} \frac{f(1+h)-f(1)}{h} = \lim_{h \to 0+} \frac{f(1+h)-f(1)}{h}$$

$$\lim_{h \to 0-} \frac{f(1+h)-f(1)}{h}$$

$$= \lim_{h \to 0-} \frac{(1+h)^2+a(1+h)-(b-2)}{h}$$

$$= \lim_{h \to 0-} \frac{(1+h)^2+a(1+h)-(1+a)}{h}$$

$$= \lim_{h \to 0-} \frac{h^2+(2+a)h}{h} = 2+a$$

$$\lim_{h \to 0+} \frac{f(1+h)-f(1)}{h}$$

$$= \lim_{h \to 0+} \frac{b(1+h)^2+2(1+h)-4-(b-2)}{h}$$

$$= \lim_{h \to 0+} \frac{bh^2+2(b+1)h}{h} = 2b+2$$

즉, $2+a=2b+2$에서

$$a=2b \qquad \qquad \cdots\cdots ⓛ$$

㉠, ㉡을 연립하여 풀면

$$a=-6, \ b=-3$$

해결전략 ❸ 함숫값 구하기

따라서 $f(x)=\begin{cases} x^2-6x & (x<1) \\ -3x^2+2x-4 & (x \geq 1) \end{cases}$ 이므로

$$f(-1)+f(2)=7+(-12)=-5$$

답 ③

 수능 대비 한 마디!!

함수 $f(x)$가 $x=a$에서 미분가능하면
(ⅰ) $x=a$에서 연속이고
(ⅱ) $x=a$에서 미분계수가 존재
해야 합니다.
또, 함수의 그래프의 개형을 통해서도 미분가능성을 찾을 수 있습니다.

함수
$$f(x)=\begin{cases} (x+1)(x^2-4) & (x<-1) \\ x^2+ax+b & (x \geq -1) \end{cases}$$
가 모든 실수 x에서 미분가능하도록 상수 a, b의 값을 정할 때, $a+b$의 값은?

① -7 ② -6 ③ -5
④ -4 ⑤ -3

문항 속 개념

| [수학Ⅱ] 미분가능성 | + | [중3] 인수분해 |

07-1

▶ 9543-0032

다항함수 $f(x)$가 $\lim\limits_{x \to 1}\dfrac{f(x+1)}{x-1}=-1$을 만족시킬 때, $\lim\limits_{x \to 2}\dfrac{\{f(x)\}^2-4f(x)}{x-2}$의 값은?

① 2   ② 4   ③ 6

④ 8   ⑤ 10

07-2

▶ 9543-0033

다항함수 $f(x)$가 $\lim\limits_{x \to 2}\dfrac{f(x)-2}{x-2}=3$을 만족시킬 때, 함수 $g(x)=(x^2+x)f(x)$에 대하여 $g'(2)$의 값은?

① 20   ② 22   ③ 24

④ 26   ⑤ 28

07-3

9543-0034

함수 $f(x)=x^2+ax+2$에 대하여 함수 $g(x)$를 다음과 같이 정의한다.

$$g(x)=\begin{cases} f(x) & (x<1) \\ -f(x)+b & (x\geq 1) \end{cases}$$

함수 $g(x)$가 $x=1$에서 미분가능할 때, $g(3)$의 값은? (단, a, b는 상수이다.)

① -9 ② -7 ③ -5

④ -3 ⑤ -1

07-4

9543-0035

사차함수 $f(x)$가 다음 조건을 만족시킨다.

(가) 함수 $y=f(x)$의 그래프는 y축에 대하여 대칭이다.

(나) $f'(-2)=2$, $f'(-4)=-3$

$\lim\limits_{x\to 2}\dfrac{f(x^2)-f(4)}{f(x)-f(2)}$의 값은?

① -12 ② -10 ③ -8

④ -6 ⑤ -4

08 접선의 방정식

내신 유형

곡선 $y=2x^3-4x+5$ 위의 점 $(1, 3)$에서의 접선의 방정식이 $y=ax+b$일 때, ab의 값은? (단, a, b는 상수이다.)

① 2   ② 4   ③ 6

④ 8   ⑤ 10

풀이

$f(x)=2x^3-4x+5$라 하면

$f'(x)=6x^2-4$이므로

$f'(1)=6-4=2$

기울기가 2이고 점 $(1, 3)$을 지나는 직선의 방정식은

$y=2(x-1)+3$

즉, $y=2x+1$이다.

따라서 $a=2$, $b=1$이므로

$ab=2\times1=2$

답 ①

수능 유형

곡선 $y=x^3-2x$ 위의 점 $(1, -1)$에서의 접선이 곡선 $y=x^2+ax+7$에 접하도록 하는 모든 실수 a의 값의 합은?

① -2 ② -1 ③ 0

④ 1   ⑤ 2

수능感 잡기

문제 분석

도함수를 이용하여 곡선 위의 한 점에서의 접선의 방정식을 구하고 이차함수의 그래프와 직선의 위치 관계를 이용하여 미정계수를 구하는 문제이다.

+α 개념

[수학Ⅱ] 접선의 방정식	＋	[수학Ⅰ] 이차함수의 그래프와 직선의 위치 관계

- **[수학Ⅰ] 이차함수의 그래프와 직선의 위치 관계**

  이차함수 $y=ax^2+bx+c$의 그래프와 직선 $y=mx+n$의 위치 관계는 이차방정식

  $$ax^2+(b-m)x+c-n=0$$

  의 판별식 D의 부호에 따라 다음과 같다.

  (1) $D>0$이면 서로 다른 두 점에서 만난다.

  (2) $D=0$이면 한 점에서 만난다.(접한다.)

  (3) $D<0$이면 만나지 않는다.

개념必잡기

- **접선의 방정식**

  다항함수 $f(x)$에 대하여

  (1) 곡선 $y=f(x)$ 위의 점 $(a, f(a))$에서의 접선의 방정식은
  $$y-f(a)=f'(a)(x-a)$$

  (2) 곡선 $y=f(x)$ 위의 점 $(a, f(a))$를 지나고 이 점 $(a, f(a))$에서의 접선에 수직인 직선의 방정식은
  $$y-f(a)=-\frac{1}{f'(a)}(x-a) \ (\text{단, } f'(a)\neq0)$$

해결전략 ① 곡선 위의 점 $(1, -1)$에서의 접선의 방정식 구하기

$f(x)=x^3-2x$로 놓으면

$f'(x)=3x^2-2$

곡선 $y=f(x)$ 위의 점 $(1, -1)$에서의 접선의 기울기는

$f'(1)=3-2=1$

이므로 접선의 방정식은

$y-(-1)=1\times(x-1)$

$y=x-2$

해결전략 ② 이차함수의 그래프와 직선이 접하기 위한 조건 구하기

$y=x-2$를 $y=x^2+ax+7$에 대입하면

$x-2=x^2+ax+7$

$x^2+(a-1)x+9=0$ $\qquad\qquad$ ······ ㉠

이차함수 $y=x^2+ax+7$의 그래프와 직선 $y=x-2$가 접하려면 ㉠의 판별식 D가 $D=0$이어야 하므로

$D=(a-1)^2-4\times1\times9$

$\quad=a^2-2a-35=0$ $\qquad$ ······ ㉡

해결전략 ③ a의 값 구하기

㉡에서 $(a+5)(a-7)=0$

$a=-5$ 또는 $a=7$

따라서 모든 실수 a의 값의 합은

$-5+7=2$

답 ⑤

직선 $y=x-2$ 위의 점 $\mathrm{P}(a, b)$에서 곡선 $y=x^2$에 그은 두 접선의 접점을 각각 A, B라 하자. 직선 AB의 기울기가 3일 때, $a+b$의 값은?

① $\dfrac{1}{2}$ ② 1 ③ $\dfrac{3}{2}$

④ 2 ⑤ $\dfrac{5}{2}$

문항 속 개념 ·······

| [수학Ⅱ]
접선의 방정식 | + | [수학]
이차방정식의
근과 계수의 관계 |

수능感쌤의 **수능 대비 한 마디!!**

함수 $y=f(x)$가 $x=a$에서 미분가능할 때, 곡선 $y=f(x)$ 위의 점 $(a, f(a))$에서의 접선의 기울기는 $f'(a)$입니다. 접선의 방정식을 구할 때는 미분법을 이용하여 접선의 기울기를 먼저 찾아야 합니다.

08-1

◐ 9543-0037

이차함수 $f(x)=x^2+ax+b$의 그래프가 x축과 두 점 $A(\alpha, 0)$, $B(\beta, 0)(\alpha<\beta)$에서 만난다. $\beta-\alpha=5$일 때, 곡선 $y=f(x)$ 위의 점 B에서의 접선의 기울기는? (단, a, b는 상수이다.)

① 1   ② 2   ③ 3

④ 4   ⑤ 5

08-2

◐ 9543-0038

곡선 $y=x^2-2x$ 위의 점 $P(t, t^2-2t)$에서의 접선과 원점 O 사이의 거리를 $f(t)$라 하자. $\lim\limits_{t\to\infty}\dfrac{f(t)}{t}$의 값은?

① $\dfrac{1}{4}$ ② $\dfrac{\sqrt{2}}{4}$ ③ $\dfrac{1}{2}$

④ $\dfrac{\sqrt{2}}{2}$ ⑤ 1

08-3

○ 9543-0039

곡선 $y=x^3+ax^2-2x+5$ 위의 서로 다른 두 점 A, B에서의 접선이 서로 평행하다. 두 점 A, B의 x좌표의 합과 곱은 각각 -4, 3이고, 점 A에서의 접선의 기울기는 m이다. $a+m$의 값은? (단, a, m은 상수이다.)

① -9 ② -5 ③ -1
④ 3   ⑤ 7

08-4

○ 9543-0040

다항함수 $f(x)$에 대하여

$$\lim_{x \to 2} \frac{f(x)-1}{x-2}=3$$

일 때, 곡선 $y=xf(x)$ 위의 $x=2$인 점에서의 접선의 방정식은 $y=ax+b$이다. $a+b$의 값은? (단, a, b는 상수이다.)

① -5 ② -4 ③ -3
④ -2 ⑤ -1

09 함수의 극대, 극소

함수 $f(x)=2x^3-6x^2+5$의 극댓값과 극솟값을 각각 a, b라 할 때, $a+b$의 값은? (단, a, b는 상수이다.)

① 0   ② 2   ③ 4
④ 6   ⑤ 8

풀이

$f(x)=2x^3-6x^2+5$에서

$f'(x)=6x^2-12x=6x(x-2)$

$f'(x)=0$에서 $x=0$ 또는 $x=2$

함수 $f(x)$의 증가와 감소를 표로 나타내면 다음과 같다.

x	$\cdots$	0	$\cdots$	2	$\cdots$
$f'(x)$	+	0	$-$	0	+
$f(x)$	↗	극대	↘	극소	↗

따라서 함수 $f(x)$의 극댓값은

$f(0)=5$

이고 극솟값은

$f(2)=2\times2^3-6\times2^2+5=-3$

이므로

$a=5$, $b=-3$

즉, $a+b=2$이다.

답 ②

개념 必 잡기

- **함수의 증가, 감소**
  (1) 함수 $f(x)$가 어떤 구간에서 미분가능하고, 이 구간에서 $f'(x)>0$이면 $f(x)$는 이 구간에서 증가하고 $f'(x)<0$이면 $f(x)$는 이 구간에서 감소한다.
  (2) 함수 $f(x)$가 어떤 구간에서 미분가능하고, 이 구간에서 증가하면 그 구간에서 항상 $f'(x)\geq0$, 감소하면 그 구간에서 항상 $f'(x)\leq0$이다.
- **함수의 극대, 극소**
  미분가능한 함수 $f(x)$에 대하여 $f'(a)=0$이고 $x=a$의 좌우에서 $f'(x)$의 부호가
  (1) 양에서 음으로 바뀌면 $f(x)$는 $x=a$에서 극대
  (2) 음에서 양으로 바뀌면 $f(x)$는 $x=a$에서 극소

삼차함수 $f(x)=x^3+4x^2+ax$에 대하여 함수 $y=f(x)$의 그래프는 x축과 한 점에서만 만난다. 함수 $f(x)$가 극값을 갖도록 하는 정수 a의 값은?

① 5   ② 6   ③ 7
④ 8   ⑤ 9

수능 感 잡기

문제 분석

다항함수의 그래프의 개형을 추론하고 함수가 극값을 갖기 위한 조건을 이해하고 있는지를 묻는 문제이다.

+α 개념

[수학Ⅱ] 함수의 극대, 극소 **+** [수학] 이차방정식의 근의 판별

- **[수학] 이차방정식의 근의 판별**
  이차방정식 $ax^2+bx+c=0$ (a, b, c는 실수)에서 $D=b^2-4ac$라 할 때,
  (1) $D>0$이면 서로 다른 두 실근을 갖는다.
  (2) $D=0$이면 중근(서로 같은 두 실근)을 갖는다.
  (3) $D<0$이면 서로 다른 두 허근을 갖는다.

풀이

해결전략 ❶ 함수 $y=f(x)$의 그래프가 x축과 한 점에서만 만나기 위한 a의 조건 구하기

함수 $f(x)=x(x^2+4x+a)$의 그래프가 원점 $(0, 0)$을 지난다.
따라서 함수 $f(x)$의 그래프가 x축과 한 점에서만 만나므로 방정식 $x^2+4x+a=0$은 실근을 갖지 않는다.
이 이차방정식의 판별식을 D라 하면

$$\frac{D}{4}=4-a<0$$

$$a>4 \qquad\qquad \cdots\cdots\ \text{㉠}$$

해결전략 ❷ 함수 $f(x)$가 극값을 갖기 위한 a의 조건 구하기

또한, 함수 $f(x)$가 극값을 가지므로 이차방정식
$f'(x)=3x^2+8x+a=0$
은 서로 다른 두 실근을 갖는다.
이차방정식 $f'(x)=0$의 판별식을 D라 하면

$$\frac{D}{4}=16-3a>0$$

$$a<\frac{16}{3} \qquad\qquad \cdots\cdots\ \text{㉡}$$

해결전략 ❸ 정수 a의 값 구하기

㉠, ㉡에서

$$4<a<\frac{16}{3}$$

따라서 정수 a의 값은 5이다.

답 ①

수능 感 쌤의 수능 대비 한 마디!!

미분가능한 함수 $f(x)$에 대하여
(i) $x=a$에서 극값을 가지면 $f'(a)=0$
(ii) $x=a$에서 극값 β를 가지면 $f'(a)=0$이고 $f(a)=\beta$
입니다.
그런데 $f'(a)=0$이라고 해서 $x=a$에서 무조건 극값을 갖는 것은 아니라는 것도 꼭 기억해야 합니다.

수능 유형 체크

▶ 9543-0041

삼차함수
$$f(x)=2x^3+(a-2)x^2+(a-2)x+5$$
가 극값을 갖지 않도록 하는 모든 정수 a의 값의 합은?

① 20 ② 25 ③ 30
④ 35 ⑤ 40

문항 속 개념

[수학Ⅱ]
함수의
극대, 극소

+

[수학]
이차방정식의
근의 판별

09-1

9543-0042

함수 $f(x)=x^3-\dfrac{3}{2}x^2-6x+a$의 극댓값이 $\dfrac{3}{2}$, 극솟값이 b일 때, 두 상수 a, b의 합 $a+b$의 값은?

① -14 ② -12 ③ -10
④ -8 ⑤ -6

09-2

9543-0043

최고차항의 계수가 1인 사차함수 $f(x)$가 다음 조건을 만족시킨다.

(가) 모든 실수 x에 대하여 $f(-x)=f(x)$이다.
(나) 함수 $f(x)$는 $x=1$에서 극솟값 -2를 갖는다.

$f(2)$의 값은?

① 4 ② 5 ③ 6
④ 7 ⑤ 8

09-3

● 9543-0044

다항함수 $f(x)$의 도함수 $f'(x)$에 대하여 함수
$g(x)=(x-b)f'(x)$의 그래프가 그림과 같을 때,
〈보기〉에서 옳은 것만을 있는 대로 고른 것은?

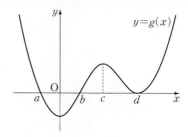

┤ 보기 ├

ㄱ. $f(x)$는 열린구간 (a, b)에서 증가한다.

ㄴ. $f(x)$는 $x=b$에서 극솟값을 갖는다.

ㄷ. $f(x)$는 $x=0$과 $x=d$에서 극솟값을 갖는다.

① ㄱ   ② ㄴ   ③ ㄷ

④ ㄱ, ㄷ   ⑤ ㄱ, ㄴ, ㄷ

09-4

● 9543-0045

함수 $f(x)=x^3+3x^2-9x+a$에 대하여 함수
$g(x)=|f(x)|$라 하자. 함수 $g(x)$가 $x=\alpha$,
$x=\beta$ $(\alpha<\beta)$에서 극댓값을 가질 때,
$|g(\alpha)-g(\beta)|>12$를 만족시키는 정수 a의 개수는?

① 16   ② 17   ③ 18

④ 19   ⑤ 20

10 함수의 최대, 최소

닫힌구간 $[1, 4]$에서 정의된 함수
$f(x)=x^3-3x^2+a$의 최솟값이 -5일 때, 함수 $f(x)$의
최댓값은? (단, a는 상수이다.)

① 11   ② 13   ③ 15

④ 17   ⑤ 19

풀이

$f(x)=x^3-3x^2+a$에서

$f'(x)=3x^2-6x=3x(x-2)$

$f'(x)=0$에서 $x=0$ 또는 $x=2$

닫힌구간 $[1, 4]$에서 함수 $f(x)$의 증가와 감소를 표로 나타내
면 다음과 같다.

x	1	$\cdots$	2	$\cdots$	4
$f'(x)$		$-$	0	$+$	
$f(x)$	$a-2$	$\searrow$	$a-4$	$\nearrow$	$a+16$

즉, 함수 $f(x)$는 $x=2$일 때 최솟값 $a-4$, $x=4$일 때 최댓값
$a+16$을 갖는다.

최솟값이 -5이므로 $a-4=-5$에서 $a=-1$

따라서 구하는 최댓값은

$a+16=-1+16=15$

🅐 ③

• **최댓값과 최솟값**

닫힌구간 $[a, b]$에서 연속인 함수 $y=f(x)$에 대하여 $f(a)$, $f(b)$
와 $f(x)$의 극값 중 가장 큰 값이 최댓값, 가장 작은 값이 최솟값이
다.

⇒ 함수의 극댓값, 극솟값과 최댓값, 최솟값이 반드시 일치하는 것
은 아니다.

그림과 같이 $\angle A=90°$, $\overline{AB}=\overline{AC}$, $\overline{BC}=12$인 직각이등
변삼각형 ABC에 내접하는 직사각형 PQRS가 있다. 변
PQ의 길이를 x라 할 때, 직사각형 PQRS의 넓이를
$S(x)$라 하자. $xS(x)$의 최댓값은? (단, 두 점 Q, R는 변
BC 위에 있다.)

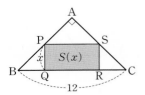

① 60   ② 62   ③ 64

④ 66   ⑤ 68

문제 분석

도형과 관련된 도함수의 활용 문제로서 직각삼각형에 내접하는 직사각형
의 넓이에 관한 함수의 최댓값을 구하는 문제이다.

+α 개념

[수학Ⅱ] 함수의 최대, 최소	➕	[수학] 이차함수의 최대, 최소

• **[수학] 도형과 관련된 식 세우기**

도형의 넓이나 부피에 관한 최대, 최소 문제를 해결할 때에는 적당한 변
수를 이용하여 주어진 조건을 만족시키는 식을 세우는 것이 중요하다.
이때 변수의 범위에 주의하여야 한다.

풀이

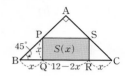

해결전략 ① 직사각형의 넓이 $S(x)$를 x에 대한 식으로 나타내기

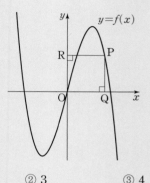

직사각형 PQRS에서 $\overline{RS}=\overline{PQ}=x$이고
삼각형 ABC가 직각이등변삼각형이므로
$\angle ABC=\angle ACB=45°$
$\overline{BQ}=\overline{RC}=x$
즉, $\overline{QR}=12-2x$
따라서 $S(x)=(12-2x)x=-2x^2+12x$이다.

해결전략 ② 함수 $f(x)=xS(x)$의 도함수를 이용하여 $f(x)$의 증가와 감소를 표로 나타내기

$f(x)=xS(x)=-2x^3+12x^2\ (0<x<6)$이라 하면
$f'(x)=-6x^2+24x=-6x(x-4)$
$f'(x)=0$에서 $x=0$ 또는 $x=4$
$0<x<6$에서 함수 $f(x)$의 증가와 감소를 표로 나타내면 다음과 같다.

x	(0)	$\cdots$	4	$\cdots$	(6)
$f'(x)$		$+$	0	$-$	
$f(x)$		↗	극대	↘	

해결전략 ③ $f(x)$의 최댓값 구하기

따라서 $f(x)$는 $x=4$에서 극대이며 최대이므로 최댓값은
$$f(4)=-2\times 4^3+12\times 4^2$$
$$=64$$

답 ③

 수능 대비 한 마디!!

단순히 주어진 구간에서 최대, 최소를 구하는 문제와 도형의 길이, 넓이, 부피 등과 관련된 최대, 최소 문제는 자주 출제되므로 적당한 변수로 주어진 조건을 만족시키는 함수식을 만들고 도함수를 이용하여 함수의 최대, 최소를 구하는 연습을 충분히 해 두도록 합니다.

수능유형 **체크**

○ 9543-0046

함수 $f(x)=-x^3+4x$에 대하여 곡선 $y=f(x)$ 위의 점 $P(t,\ f(t))\ (0<t<2)$에서 x축, y축에 내린 수선의 발을 각각 Q, R라 하자. 직사각형 OQPR의 넓이의 최댓값은?
(단, O는 원점이다.)

① 2 　　② 3 　　③ 4
④ 5 　　⑤ 6

문항 속 개념

[수학 Ⅱ]
함수의 최대와 최소

＋

[수학]
다항식의 연산

10-1

9543-0047

함수 $f(x)=x^4+2ax+b$의 최솟값이 5이고 $f'(-1)=0$일 때, 상수 a, b에 대하여 $a+b$의 값은?

① 6   ② 8   ③ 10

④ 12   ⑤ 14

10-2

9543-0048

사차함수 $y=f(x)$의 도함수 $y=f'(x)$가 다음 조건을 만족시킨다. (단, $0<c<a<b$)

(가) 모든 실수 x에 대하여 $f'(-x)=-f'(x)$가 성립한다.
(나) $f'(a)=0$
(다) 닫힌구간 $[0, b]$에서 $f'(x)$의 최댓값은 $f'(c)$이다.

닫힌구간 $[-a, a]$에서 $f(x)$의 최솟값은?

① $f(-a)$ ② $f(-c)$ ③ $f(0)$

④ $f(a)$ ⑤ $f(c)$

10-3

9543-0049

그림과 같이 곡선 $f(x)=-x^2+8x$에 대하여 원점 O 를 지나고 기울기가 $m\ (0<m<8)$인 직선이 이 곡선 과 만나는 원점이 아닌 점을 P, 점 P에서 x축에 내린 수선의 발을 Q라 하자. 삼각형 POQ의 넓이가 최대가 되도록 하는 m의 값을 k라 할 때, $9k$의 값을 구하시 오. (단, k는 상수이다.)

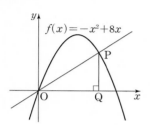

10-4

9543-0050

닫힌구간 $[0, 2]$에서 함수

$$f(x)=-x^3+\frac{3}{2}ax^2-a^2$$

의 최댓값을 $g(a)$라 하자. $a>0$에서 함수 $g(a)$의 최 댓값은?

① 1   ② 3   ③ 5

④ 7   ⑤ 9

내신 유형

x에 대한 방정식 $2x^3-3x^2-12x+a=0$이 서로 다른 세 실근을 갖도록 하는 정수 a의 개수를 구하시오.

풀이

$f(x)=2x^3-3x^2-12x+a$라 하면

$f'(x)=6x^2-6x-12$

$\qquad =6(x+1)(x-2)$

$f'(x)=0$에서 $x=-1$ 또는 $x=2$

함수 $f(x)$의 증가와 감소를 표로 나타내면 다음과 같다.

x	$\cdots$	-1	$\cdots$	2	$\cdots$
$f'(x)$	$+$	0	$-$	0	$+$
$f(x)$	↗	극대	↘	극소	↗

즉, 함수 $f(x)$는 $x=-1$일 때 극댓값 $f(-1)=a+7$,

$x=2$일 때 극솟값 $f(2)=a-20$을 갖는다.

방정식 $f(x)=0$이 서로 다른 세 실근을 가지려면

$f(-1)f(2)<0$, $(a+7)(a-20)<0$

$-7<a<20$

따라서 구하는 정수 a는 -6, -5, -4, $\cdots$, 19로 26개이다.

답 26

개념 必 잡기

- **방정식의 실근과 함수의 그래프**
  - (1) 방정식 $f(x)=0$의 실근
    - $\Rightarrow$ $y=f(x)$의 그래프와 x축과의 교점의 x좌표
  - (2) 방정식 $f(x)=g(x)$의 실근
    - $\Rightarrow$ $y=f(x)$, $y=g(x)$의 그래프의 교점의 x좌표
- **부등식의 증명**
  - $x>a$에서 $f(x)>0$임을 보이려면
    - $\Rightarrow$ $x>a$에서 $f'(x)>0$이면 $f(a)\geq0$임을 보이고, 그렇지 않으면 ($f(x)$의 최솟값)>0임을 보인다.

수능 유형

두 함수

$$f(x)=\frac{1}{2}x^4+2x^3-6x+a$$

$$g(x)=-x^4+3x^2-3$$

이 있다. 모든 실수 x에 대하여 부등식 $f(x)\geq g(x)$가 성립하도록 하는 정수 a의 최솟값은?

① 1   ② 3   ③ 5

④ 7   ⑤ 9

수능 感 잡기

문제 분석

도함수를 활용하여 부등식이 성립하도록 하는 실수 a의 값의 범위를 구하는 문제이다.

+α 개념

[수학Ⅱ] 부등식에의 활용 **+** [수학Ⅱ] 함수의 최대, 최소

- **[수학Ⅱ] 함수의 최대, 최소**
  닫힌구간 $[a, b]$에서 연속인 함수 $y=f(x)$에 대하여 $f(a)$, $f(b)$와 $f(x)$의 극값 중 가장 큰 값이 최댓값, 가장 작은 값이 최솟값이다.

풀이

해결전략 ❶ $F(x)=f(x)-g(x)$로 놓고 $F'(x)=0$이 되는 x의 값 구하기

두 함수

$$f(x)=\frac{1}{2}x^4+2x^3-6x+a,\ g(x)=-x^4+3x^2-3$$에서

$$F(x)=f(x)-g(x)$$
$$=\frac{3}{2}x^4+2x^3-3x^2-6x+a+3$$

으로 놓으면

$$F'(x)=6x^3+6x^2-6x-6$$
$$=6(x^3+x^2-x-1)$$
$$=6(x-1)(x+1)^2$$

$F'(x)=0$에서 $x=-1$ 또는 $x=1$

해결전략 ❷ $F(x)$의 증가와 감소 조사하기

함수 $F(x)$의 증가와 감소를 표로 나타내면 다음과 같다.

x	$\cdots$	-1	$\cdots$	1	$\cdots$
$F'(x)$	$-$	0	$-$	0	$+$
$F(x)$	$\searrow$	$a+\dfrac{11}{2}$	$\searrow$	$a-\dfrac{5}{2}$	$\nearrow$

해결전략 ❸ 모든 실수 x에 대하여 $F(x)\geq0$이 되도록 하는 정수 a의 최솟값 구하기

따라서 함수 $F(x)$는 $x=1$에서 극소이면서 최소이므로 모든 실수 x에 대하여 $F(x)\geq0$이려면

$$F(1)=a-\frac{5}{2}\geq0,\ a\geq\frac{5}{2}$$

따라서 정수 a의 최솟값은 3이다.

답 ②

수능感 쌤의 수능 대비 한 마디!!

방정식과 부등식의 근에 관한 문제는 미분을 이용하여 함수의 증가, 감소를 조사하고 그래프의 개형을 추론해 보면 해결의 실마리가 보일 것입니다.

수능 유형 체크

◐ 9543-0051

삼차함수 $f(x)$가 다음 조건을 만족시킬 때, 방정식 $f(x)f'(x)=0$의 서로 다른 실근의 개수는?

> (가) $f'(-2)=f'(3)=0$
> (나) $f(-2)f(3)<0$

① 3   ② 4   ③ 5
④ 6   ⑤ 7

문항 속 개념

[수학Ⅱ] 방정식에의 활용	＋	[수학] 인수정리

11-1

◐ 9543-0052

x에 대한 방정식 $x^3-9x-a=3x-5$가 서로 다른 두 개의 음의 근과 한 개의 양의 근을 가지도록 하는 정수 a의 개수는?

① 13   ② 15   ③ 17

④ 19   ⑤ 21

11-2

◐ 9543-0053

$x \geq 0$인 모든 실수 x에 대하여 부등식

$$x^3-9x^2+15x+a \geq 0$$

이 성립하도록 하는 실수 a의 최솟값은?

① 21   ② 23   ③ 25

④ 27   ⑤ 29

11-3

▶ 9543-0054

최고차항의 계수가 양수인 삼차함수 $f(x)$에 대하여
$$f(0)=0 \text{이고} f'(\alpha)=f'(\beta)=0 \ (\alpha<\beta)$$
일 때, 〈보기〉에서 옳은 것만을 있는 대로 고른 것은?

┌─ 보기 ├─
ㄱ. $\alpha>0$이면 $f(\alpha)>0$이다.

ㄴ. $\alpha\beta<0$이면 $f(\alpha)f(\beta)<0$이다.

ㄷ. $\alpha\beta>0$이면 $f(\alpha)f(\beta)>0$이다.
└─────

① ㄱ   ② ㄴ   ③ ㄱ, ㄴ

④ ㄴ, ㄷ   ⑤ ㄱ, ㄴ, ㄷ

11-4

▶ 9543-0055

실수 전체의 집합에서 미분가능한 두 함수 $f(x)$, $g(x)$에 대하여 함수 $F(x)$를 $F(x)=f(x)-g(x)$ 라 하자. $F(1)=0$이고 모든 실수 x에 대하여 $F'(x)<0$일 때, 〈보기〉에서 옳은 것만을 있는 대로 고른 것은?

┌─ 보기 ├─
ㄱ. 함수 $F(x)$는 역함수를 갖는다.

ㄴ. 1이 아닌 모든 실수 x에 대하여 $F(x)<0$이다.

ㄷ. 방정식 $F(x)=0$은 오직 한 개의 실근을 갖는다.
└─────

① ㄱ   ② ㄴ   ③ ㄷ

④ ㄱ, ㄷ   ⑤ ㄱ, ㄴ, ㄷ

12 속도와 가속도

내신 유형

수직선 위를 움직이는 점 P의 시각 t $(t≥0)$에서의 위치 x가

$$x=t^3-3t^2+6t$$

이다. 점 P의 속도가 15가 되는 순간 점 P의 위치는?

① 9   ② 12   ③ 15

④ 18   ⑤ 21

풀이

$x=t^3-3t^2+6t$에서

점 P의 속도를 v라 하면

$$v=\frac{dx}{dt}=3t^2-6t+6$$

$3t^2-6t+6=15$에서

$t^2-2t-3=0$, $(t+1)(t-3)=0$

$t=-1$ 또는 $t=3$

따라서 $t≥0$에서 점 P의 속도가 15가 되는 순간, 즉 $t=3$일 때 점 P의 위치는

$$3^3-3×3^2+6×3=18$$

답 ④

개념 잡기

• **속도와 가속도**

(1) 수직선 위를 움직이는 점의 속도와 가속도

수직선 위를 움직이는 점 P의 시각 t에서의 위치가 $x=f(t)$일 때, 점 P의 시각 t에서의 속도 v는

$$v=\frac{dx}{dt}=f'(t)$$

(2) 수직선 위를 움직이는 점의 가속도

수직선 위를 움직이는 점 P의 시각 t에서의 속도가 v일 때, 점 P의 시각 t에서의 가속도 a는

$$a=\frac{dv}{dt}$$

수능 유형

수직선 위를 움직이는 두 점 P, Q의 시각 t에서의 위치가 각각

$$x_P=t^2-6t, \quad x_Q=t^2-18t$$

이다. $t>0$에서 두 점 P, Q가 서로 반대 방향으로 움직인 시각 t의 범위는 $a<t<b$이다. $a+b$의 값은?

(단, a, b는 상수이다.)

① 4   ② 6   ③ 8

④ 10   ⑤ 12

수능 感 잡기

문제 분석

위치를 미분한 값이 속도임을 이용하여 두 점이 서로 반대 방향으로 움직이는 시각의 범위는 두 점의 속도의 부호가 반대인 시각의 범위임을 이해하고 그 범위를 구하는 문제이다.

+α 개념

• **[수학] 이차부등식의 풀이**

이차방정식 $ax^2+bx+c=0$ $(a>0)$이 서로 다른 두 실근 $α$, $β$ $(α<β)$를 가질 때

(1) $ax^2+bx+c>0$의 해는 $x<α$ 또는 $x>β$

(2) $ax^2+bx+c<0$의 해는 $α<x<β$

(3) $ax^2+bx+c≥0$의 해는 $x≤α$ 또는 $x≥β$

(4) $ax^2+bx+c≤0$의 해는 $α≤x≤β$

풀이

해결전략 ① 두 점 P, Q의 속도 구하기

점 P의 속도를 v_P라 하면 $x_P = t^2 - 6t$에서

$$v_P = \frac{dx_P}{dt} = 2t - 6$$

점 Q의 속도를 v_Q라 하면 $x_Q = t^2 - 18t$에서

$$v_Q = \frac{dx_Q}{dt} = 2t - 18$$

해결전략 ② 두 점이 서로 반대 방향으로 움직일 때는 속도의 부호가 반대임을 이용하여 t의 범위 구하기

두 점 P, Q가 원점을 출발한 후 서로 반대 방향으로 움직이려면

$$v_P \times v_Q = 4(t-3)(t-9) < 0$$

이어야 하므로

$$3 < t < 9$$

해결전략 ③ $a+b$의 값 구하기

따라서 $a = 3$, $b = 9$이므로

$$a + b = 3 + 9 = 12$$

답 ⑤

수능感 쌤의 수능 대비 한 마디!!

수직선 위를 움직이는 점 P의 시각 t일 때의 위치가 $x = f(t)$ 이고 $f(t)$가 미분가능할 때, 점 P는
(1) $f'(t) > 0$이면 양의 방향으로
(2) $f'(t) < 0$이면 음의 방향으로
움직입니다.

수능 유형 체크

◉ 9543-0056

수직선 위를 움직이는 점 P의 시각 t에서의 위치가 $x = f(t)$일 때, $0 \le t \le e$에서 $x = f(t)$의 그래프가 그림과 같다. 〈보기〉에서 옳은 것만을 있는 대로 고른 것은?

(단, $f'(a) = f'(c) = 0$이다.)

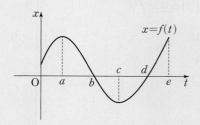

┤ 보기 ├

ㄱ. 점 P는 움직이는 동안 운동 방향을 $t = a$, $t = c$에서 두 번 바꾼다.

ㄴ. 점 P가 $0 \le t \le e$에서 처음으로 원점을 통과할 때의 속도는 $f'(b)$이다.

ㄷ. $0 < t < a$일 때와 $c < t < e$일 때 점 P의 운동 방향이 같다.

① ㄱ   ② ㄴ   ③ ㄱ, ㄴ

④ ㄱ, ㄷ   ⑤ ㄱ, ㄴ, ㄷ

문항 속 개념

[수학Ⅱ] 속도와 가속도 **＋** **[수학Ⅱ]** 함수의 증가·감소

12-1
9543-0057

수직선 위를 움직이는 점 P의 시각 t $(t \geq 0)$에서의 위치 x가

$$x = t^3 - 7t^2 + 8t + 4$$

일 때, 점 P가 출발 후 처음으로 운동 방향을 바꾸는 순간의 가속도는?

① -10　　② -8　　③ -6

④ -4　　⑤ -2

12-2
9543-0058

수직선 위를 움직이는 두 점 P, Q의 시각 t에서의 위치가 각각

$$f(t) = 2t^2 - 8t + 5, \ g(t) = -t^2 + 4t + 8$$

이다. 두 점 P, Q의 속도가 같아지는 순간 두 점 P, Q 사이의 거리는?

① 9　　② 11　　③ 13

④ 15　　⑤ 17

12-3

9543-0059

수직선 위를 움직이는 점 P의 시각 t에서의 위치 x가

$$x = t^3 + at^2 + bt + 4 \ (a, \ b \text{는 상수})$$

이다. 시각 $t=3$에서 점 P는 운동 방향을 바꾸며 그 때의 위치는 -5이다. 시각 $t=4$에서 점 P의 가속도는?

① 11 ② 12 ③ 13
④ 14 ⑤ 15

12-4

9543-0060

수직선 위를 움직이는 두 점 P, Q의 시각 t에서의 위치가 각각

$$f(t) = t^2 - 8t + 2, \ g(t) = t^3 - 2t^2$$

일 때, 〈보기〉에서 옳은 것만을 있는 대로 고른 것은?

┤ 보기 ├

ㄱ. $t=1$에서 점 P의 속도는 -6이다.
ㄴ. $t>0$에서 점 Q는 움직이는 동안 운동 방향을 한 번 바꾼다.
ㄷ. $t>0$에서 두 점 P, Q가 서로 반대 방향으로 움직이는 시간은 $\dfrac{8}{3}$이다.

① ㄱ ② ㄴ ③ ㄱ, ㄴ
④ ㄱ, ㄷ ⑤ ㄱ, ㄴ, ㄷ

13 부정적분

점 $(1, -2)$를 지나는 곡선 $y=f(x)$ 위의 점 (x, y)에서의 접선의 기울기가 $6x^2+4x$일 때, $f(2)$의 값을 구하시오.

풀이

곡선 $y=f(x)$ 위의 점 $(x, f(x))$에서의 접선의 기울기가 $6x^2+4x$이므로

$f'(x)=6x^2+4x$

$f(x)=\int f'(x)dx$

$\quad =\int (6x^2+4x)dx$

$\quad =2x^3+2x^2+C$ (단, C는 적분상수)

곡선 $y=f(x)$가 점 $(1, -2)$를 지나므로

$f(1)=2+2+C=-2$

$C=-6$

따라서 $f(x)=2x^3+2x^2-6$이므로

$f(2)=16+8-6$

$\quad =18$

답 18

개념 必 잡기

• 부정적분과 미분의 관계

(1) $\int \left\{ \dfrac{d}{dx}f(x) \right\}dx=f(x)+C$ (단, C는 적분상수)

(2) $\dfrac{d}{dx}\int f(x)dx=f(x)$

• 함수 $y=x^n$의 부정적분

n이 0 또는 자연수일 때

$\int x^n dx=\dfrac{1}{n+1}x^{n+1}+C$ (단, C는 적분상수)

• 부정적분의 계산

(1) $\int kf(x)dx=k\int f(x)dx$ (단, k는 상수)

(2) $\int \{f(x)+g(x)\}dx=\int f(x)dx+\int g(x)dx$

(3) $\int \{f(x)-g(x)\}dx=\int f(x)dx-\int g(x)dx$

삼차함수 $f(x)$에 대하여 도함수 $y=f'(x)$의 그래프가 그림과 같다.

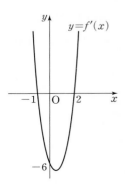

함수 $f(x)$의 극솟값이 -4일 때, 극댓값은?

① $\dfrac{7}{2}$ ② 5 ③ $\dfrac{13}{2}$

④ 8 ⑤ $\dfrac{19}{2}$

수능 感 잡기

문제 분석

삼차함수 $f(x)$의 도함수 $f'(x)$의 그래프에서 극값을 갖는 x의 값을 추론하고, 부정적분을 이용하여 $f(x)$를 구하여 함수의 극댓값을 구할 수 있는가를 묻는 문제이다.

+α 개념

$$[수학 II] 부정적분 \quad + \quad [수학 II] 함수의 극대, 극소$$

• **[수학 II] 함수의 극대, 극소**

미분가능한 함수 $f(x)$에 대하여 $f'(a)=0$이고 $x=a$의 좌우에서 $f'(x)$의 부호가

(1) 양에서 음으로 바뀌면 $f(x)$는 $x=a$에서 극대

(2) 음에서 양으로 바뀌면 $f(x)$는 $x=a$에서 극소

풀이

해결전략 ① $y=f'(x)$의 그래프와 $f(x)$가 삼차함수임을 이용하여 $f'(x)$의 식 구하기

주어진 이차함수 $y=f'(x)$의 그래프와 x축과의 교점의 x좌표가 -1과 2이고, $f'(0)=-6$이므로

$$f'(x)=3(x+1)(x-2)$$

이다.

해결전략 ② 함수 $f(x)$가 극댓값, 극솟값을 갖는 x의 값 구하기

또한, 함수 $y=f'(x)$의 그래프를 보면 $x=-1$의 좌우에서 $f'(x)$의 부호가 $+$에서 $-$로 바뀌므로 $f(x)$는 $x=-1$에서 극댓값, $x=2$의 좌우에서 $f'(x)$의 부호가 $-$에서 $+$로 바뀌므로 $f(x)$는 $x=2$에서 극솟값을 갖는다.

해결전략 ③ 함수 $f(x)$의 극댓값 구하기

$f'(x)=3(x+1)(x-2)=3x^2-3x-6$에서

$$f(x)=\int(3x^2-3x-6)dx$$

$$=x^3-\frac{3}{2}x^2-6x+C \ (\text{단}, C\text{는 적분상수})$$

함수 $f(x)$의 극솟값이 -4이므로 $f(2)=-4$

즉, $f(2)=8-6-12+C=-4$이므로

$$C=6$$

따라서 $f(x)=x^3-\frac{3}{2}x^2-6x+6$이고 함수 $f(x)$의 극댓값은

$$f(-1)=-1-\frac{3}{2}+6+6=\frac{19}{2}$$

 ⑤

수능 感 쌤의 **수능 대비 한 마디!!**

단순한 부정적분 계산부터 $f(x)$와 $f'(x)$의 여러 조건들을 제시하고, $f(x)$를 구하는 문제들이 출제됩니다. 특히 부정적분에 관련된 문제를 해결할 때에는 적분상수를 구하는 것이 중요합니다.

수능 유형 **체크**

▶ 9543-0061

삼차함수 $f(x)$가 $x=-1$에서 극댓값 1, $x=1$에서 극솟값 -3을 가질 때, $f(3)$의 값은?

① 11 　　② 13 　　③ 15

④ 17 　　⑤ 19

문항 속 개념

13-1

9543-0062

다항함수 $f(x)$의 한 부정적분 $F(x)$에 대하여
$$F(x)=xf(x)+x^4+x^2+4,\ f(0)=3$$
이 성립할 때, $f(-3)$의 값은?

① 25   ② 30   ③ 35

④ 40   ⑤ 45

13-2

9543-0063

다항함수 $f(x)$가 다음 조건을 만족시킬 때, $f(3)$의 값을 구하시오.

> (가) 모든 실수 x, y에 대하여
> $$f(x+y)=f(x)+f(y)+4xy(x+y)+3$$
> (나) $f'(0)=2$

13-3

● 9543-0064

함수 $f(x)$에 대하여 도함수 $f'(x)$가

$$f'(x)=\begin{cases} 2x-1 & (x>1) \\ a & (x<1) \end{cases}$$

이고 $f(0)=2$, $f(3)=5$이다. 함수 $f(x)$가 $x=1$에서 연속이 되도록 하는 상수 a의 값은?

① -3 ② -2 ③ -1

④ 0 ⑤ 1

13-4

● 9543-0065

다항함수 $f(x)$가 다음 조건을 만족시킬 때, $f(2)$의 값은? (단, a는 상수이다.)

> (가) $\dfrac{d}{dx}\displaystyle\int f'(x)dx=3x^2+4x+a$
>
> (나) $\displaystyle\lim_{x\to 1}\dfrac{f(x)}{x-1}=2a+1$

① 11 ② 13 ③ 15

④ 17 ⑤ 19

14 정적분의 성질과 계산

$\displaystyle\int_1^3 \frac{x^2+6}{x+2}dx - \int_3^1 \frac{5t}{t+2}dt$의 값은?

① 7   ② 8   ③ 9

④ 10   ⑤ 11

풀이

$\displaystyle\int_1^3 \frac{x^2+6}{x+2}dx - \int_3^1 \frac{5t}{t+2}dt$

$\displaystyle=\int_1^3 \frac{x^2+6}{x+2}dx + \int_1^3 \frac{5x}{x+2}dx$

$\displaystyle=\int_1^3 \frac{x^2+5x+6}{x+2}dx = \int_1^3 \frac{(x+2)(x+3)}{x+2}dx$

$\displaystyle=\int_1^3 (x+3)dx = \left[\frac{1}{2}x^2+3x\right]_1^3$

$\displaystyle=\left(\frac{9}{2}+9\right)-\left(\frac{1}{2}+3\right)$

$=10$

답 ④

개념 잡기

- **정적분**

  함수 $f(x)$가 두 실수 a, b를 포함하는 구간에서 연속일 때, $f(x)$의 한 부정적분을 $F(x)$라고 하면 $f(x)$의 a에서 b까지의 정적분은

  $$\int_a^b f(x)dx = \Big[F(x)\Big]_a^b = F(b)-F(a)$$

- **정적분의 성질**

  두 함수 $f(x)$, $g(x)$가 세 실수 a, b, c를 포함하는 구간에서 연속일 때

  (1) $\displaystyle\int_a^b kf(x)dx = k\int_a^b f(x)dx$ (단, k는 상수)

  (2) $\displaystyle\int_a^b \{f(x)+g(x)\}dx = \int_a^b f(x)dx + \int_a^b g(x)dx$

  (3) $\displaystyle\int_a^b \{f(x)-g(x)\}dx = \int_a^b f(x)dx - \int_a^b g(x)dx$

  (4) $\displaystyle\int_a^b f(x)dx = \int_a^c f(x)dx + \int_c^b f(x)dx$

  (5) $\displaystyle\int_a^a f(x)dx = 0$

  (6) $\displaystyle\int_a^b f(x)dx = -\int_b^a f(x)dx$

함수

$$f(x)=\begin{cases} 2x^3-3x & (x<1) \\ 3x+a & (x\geq 1)\end{cases}$$

가 실수 전체의 집합에서 연속일 때, $\displaystyle\int_{-2}^3 f(x)dx$의 값은?

(단, a는 상수이다.)

① -3 ② -1 ③ 1

④ 3   ⑤ 5

수능 잡기

문제 분석

함수의 연속에 대한 개념을 이용하여 구간 별로 정의된 함수를 구하고, 정적분의 성질과 미적분의 기본 정리, 함수의 그래프의 대칭성 등을 이용하여 정적분의 값을 구할 수 있는가를 묻는 문제이다.

+α 개념

[수학Ⅱ] 정적분의 성질	＋	[수학Ⅱ] 함수의 연속

- **[수학Ⅱ] 함수의 연속**

  함수 $f(x)$가 실수 a에 대하여 다음 세 조건을 만족시킬 때, 함수 $f(x)$는 $x=a$에서 연속이라 한다.

  (ⅰ) $f(x)$가 $x=a$에서 정의되어 있다.

  (ⅱ) 극한값 $\displaystyle\lim_{x\to a} f(x)$가 존재한다.

  (ⅲ) $\displaystyle\lim_{x\to a} f(x) = f(a)$

풀이

해결전략 ❶ 함수 $f(x)$가 실수 전체의 집합에서 연속임을 이용하여 상수 a의 값 구하기

함수 $f(x)$가 $x=1$에서 연속이므로

$\lim\limits_{x\to1-}f(x)=f(1)$이다.

$\lim\limits_{x\to1-}f(x)=\lim\limits_{x\to1-}(2x^3-3x)$
$\qquad\qquad\quad=2-3=-1$

이고 $f(1)=3+a$이므로

$-1=3+a$

$a=-4$

해결전략 ❷ 정적분의 성질을 이용하여 구하는 정적분을 구간별로 구분하여 나타내기

$\displaystyle\int_{-2}^{3}f(x)dx=\int_{-2}^{1}f(x)dx+\int_{1}^{3}f(x)dx$
$\qquad\qquad\quad=\displaystyle\int_{-2}^{1}(2x^3-3x)dx+\int_{1}^{3}(3x-4)dx$

해결전략 ❸ 정적분의 값 구하기

$\displaystyle\int_{-2}^{1}(2x^3-3x)dx=\left[\frac{1}{2}x^4-\frac{3}{2}x^2\right]_{-2}^{1}$
$\qquad\qquad\qquad\quad=\left(\frac{1}{2}-\frac{3}{2}\right)-(8-6)=-3$

$\displaystyle\int_{1}^{3}(3x-4)dx=\left[\frac{3}{2}x^2-4x\right]_{1}^{3}$
$\qquad\qquad\qquad=\left(\frac{27}{2}-12\right)-\left(\frac{3}{2}-4\right)=4$

따라서 $\displaystyle\int_{-2}^{3}f(x)dx=-3+4=1$

답 ③

 수능感쌤의 **수능 대비 한 마디!!**

간단한 다항함수에 대하여 정적분의 값을 구하거나 정적분의 성질을 이용하여 정적분의 합 또는 차, 절댓값을 포함한 함수, 구간에 따라 다르게 주어진 함수의 정적분을 계산하는 문제들이 출제됩니다.

수능 유형 체크

◑ 9543-0066

다항함수 $f(x)$가 다음 조건을 만족시킨다.

> (가) $\displaystyle\int_{a}^{b}f(x)dx=5$
>
> (나) $\displaystyle\int_{a}^{b}xf(x)dx=-10$
>
> (다) $\displaystyle\int_{a}^{b}(x^2+2)f(x)dx=-15$

실수 k에 대하여 $\displaystyle\int_{a}^{b}(x+k)^2f(x)dx$는 $k=\alpha$에서 최솟값 m을 갖는다. $\alpha-m$의 값은? (단, a, b는 상수이다.)

① 35   ② 39   ③ 43

④ 47   ⑤ 51

문항 속 개념

[수학Ⅱ] 정적분의 성질 **+** **[수학]** 이차함수의 최대, 최소

14-1

▶ 9543-0067

함수 $f(x) = x^2 - 4x + 3$에 대하여

$$\int_1^4 f(x)dx - \int_2^4 f(x)dx + \int_{-1}^1 f(x)dx$$

의 값은?

① 3　　　　② 4　　　　③ 5

④ 6　　　　⑤ 7

14-2

▶ 9543-0068

함수 $f(x) = 2x + |x-1|$에 대하여 $\int_{-2}^2 f(x)dx$의 값은?

① 3　　　　② 4　　　　③ 5

④ 6　　　　⑤ 7

14-3

9543-0069

최고차항의 계수가 양수인 삼차함수 $y=f(x)$가 다음 조건을 만족시킨다.

> (가) 함수 $f(x)$는 $x=0$과 $x=2$에서 극값을 갖는다.
> (나) $f(-3)+f(2)=2$

$\int_{-3}^{2}|f'(x)|dx=58$일 때, $f(0)$의 값을 구하시오.

14-4

9543-0070

함수 $f(x)=x^3-x^2+x$일 때, 실수 a에 대하여 함수 $g(a)$를

$$g(a)=\int_{0}^{4}|f(x)-f(a)|dx$$

라 하자. $0 \le a \le 4$에서 함수 $g(a)$의 최솟값은?

① 42   ② 44   ③ 46

④ 48   ⑤ 50

15 함수의 성질을 이용한 정적분

$\int_{-3}^{3}(x^3+4x^2-7)dx$의 값은?

① 15　　　　② 20　　　　③ 25

④ 30　　　　⑤ 35

풀이

$$\int_{-3}^{3}(x^3+4x^2-7)dx=2\int_{0}^{3}(4x^2-7)dx$$
$$=2\left[\frac{4}{3}x^3-7x\right]_{0}^{3}$$
$$=2\{(36-21)-(0-0)\}$$
$$=30$$

답 ④

연속함수 $f(x)$는 모든 실수 x에 대하여 다음 조건을 만족시킨다.

> (가) $f(-x)=f(x)$
> (나) $f(x)=f(x+4)$

$\int_{0}^{2}f(x)dx=8$일 때, $\int_{-4}^{6}f(x)dx$의 값은?

① 24　　　　② 28　　　　③ 32

④ 36　　　　⑤ 40

수능 感 잡기

문제 분석

함수의 그래프의 원점에 대한 대칭성과 주기성, 정적분의 성질을 이용하여 주어진 정적분의 값을 구하는 문제이다.

+α 개념

[수학Ⅱ] 정적분의 성질	+	[수학] 도형의 대칭이동과 함수의 그래프의 주기성

- **[수학] 도형의 대칭이동과 함수의 그래프의 주기성**
  (1) 좌표평면에서 방정식 $f(x, y)=0$이 나타내는 도형을 대칭이동한 도형의 방정식은
    ① x축에 대하여 대칭이동한 점 : $f(x, -y)=0$
    ② y축에 대하여 대칭이동한 점 : $f(-x, y)=0$
    ③ 원점에 대하여 대칭이동한 점 : $f(-x, -y)=0$
    ④ 직선 $y=x$에 대하여 대칭이동한 점 : $f(y, x)=0$
  (2) 연속함수 $f(x)$가 모든 실수 x에 대하여
    $f(x)=f(x+p)$이면
    $$\int_{a}^{a+p}f(x)dx=\int_{a+p}^{a+2p}f(x)dx$$

개념 必 잡기

- **함수의 그래프의 대칭이동**
  (1) 연속함수 $y=f(x)$의 그래프가 y축에 대하여 대칭, 즉 모든 실수 x에 대하여 $f(-x)=f(x)$이면
    $$\int_{-a}^{a}f(x)dx=2\int_{0}^{a}f(x)dx$$
  (2) 연속함수 $y=f(x)$의 그래프가 원점에 대하여 대칭, 즉 모든 실수 x에 대하여 $f(-x)=-f(x)$이면
    $$\int_{-a}^{a}f(x)dx=0$$
- **함수의 그래프의 평행이동**
  $$\int_{a}^{b}f(x)dx=\int_{a+c}^{b+c}f(x-c)dx=\int_{a-d}^{b-d}f(x+d)dx$$

해결전략 ❶ 함수의 그래프의 대칭성과 주기성을 이용하여 구간에 따른 정적분의 값 구하기

조건 (가)에서 $f(-x)=f(x)$이므로
곡선 $y=f(x)$는 y축에 대하여 대칭이고
조건 (나)에서 $f(x)=f(x+4)$이므로

$$\int_0^2 f(x)dx=\int_{-2}^0 f(x)dx=\int_{-4}^{-2} f(x)dx=8,$$

$$\int_0^2 f(x)dx=\int_4^6 f(x)dx=8$$

이다.

해결전략 ❷ 정적분의 성질을 이용하여 정적분의 값 구하기

$$\int_{-4}^0 f(x)dx=\int_{-4}^{-2} f(x)dx+\int_{-2}^0 f(x)dx$$
$$=8+8$$
$$=16$$

$$\int_{-4}^0 f(x)dx=\int_0^4 f(x)dx=16$$

따라서

$$\int_{-4}^6 f(x)dx=\int_{-4}^0 f(x)dx+\int_0^4 f(x)dx+\int_4^6 f(x)dx$$
$$=16+16+8$$
$$=40$$

답 ⑤

수능感 쌤의 **수능 대비 한 마디!!**

함수의 그래프가 원점 또는 y축에 대하여 대칭이거나 같은 형태가 반복될 때, 함수의 성질을 이용하여 정적분의 값을 구하는 문제가 출제됩니다. 함수의 그래프의 대칭성, 주기성에 따라 정적분의 값을 쉽게 계산할 수 있습니다.

수능 유형 **체크**　　　　　　　　　　◉ 9543-0071

두 다항함수 $f(x)$, $g(x)$가 다음 조건을 만족시킬 때, $\displaystyle\int_0^2 \{3f(x)-2g(x)\}dx$의 값은?

> (가) 모든 실수 x에 대하여
> $$f(-x)=f(x),\ g(-x)=-g(x)$$
> (나) $\displaystyle\int_{-2}^0 f(x)dx=12,\ \int_0^{-2} g(x)dx=8$

① 16　　　　② 20　　　　③ 24
④ 28　　　　⑤ 30

문항 속 개념 ‥‥‥‥‥‥‥‥‥‥‥‥‥‥‥‥‥‥‥‥‥‥

[수학Ⅱ]
정적분의
성질

+

[수학]
도형의
대칭이동

15-1

9543-0072

함수 $f(x)=2x^3+3x^2-x-3$에 대하여

$$\left\{\int_{-2}^{2} f(x)dx\right\}^2 = a\int_{-1}^{1} xf(x)dx$$

일 때, 상수 a의 값은?

① 80 　　　② 90 　　　③ 100

④ 110 　　　⑤ 120

15-2

9543-0073

연속함수 $f(x)$가 다음 조건을 만족시킬 때, 정적분 $\int_{-10}^{40} f(x)dx$의 값은?

(가) $-2 \le x \le 2$일 때, $f(x)=2x^3-8x$이다.

(나) 모든 실수 x에 대하여
$$f(x)=f(x+4)$$

① 8 　　　② 12 　　　③ 16

④ 20 　　　⑤ 24

15-3

9543-0074

다항함수 $f(x)$가 다음 조건을 만족시킨다.

(가) 모든 실수 x에 대하여
$$f(-x)=-f(x)$$
(나) $\displaystyle\int_0^2 xf(x)dx=8$

$\displaystyle\int_{-2}^2 (x^2+2x)f(x)dx$의 값을 구하시오.

15-4

9543-0075

연속함수 $f(x)$가 다음 조건을 만족시킬 때, $\displaystyle\int_1^2 f(x+20)dx$의 값은?

(가) 모든 실수 x에 대하여 $f(x)=f(x+4)$
(나) $-1\leq x\leq 3$에서 $f(1+x)=-f(1-x)$
(다) $\displaystyle\int_{-1}^2 f(x)dx=18$, $\displaystyle\int_1^3 f(x)dx=-6$

① 8 ② 10 ③ 12
④ 14 ⑤ 16

16 정적분으로 표현된 함수

내신 유형

다항함수 $f(x)$가 모든 실수 x에 대하여

$$\int_a^x f(t)dt = x^3 + ax^2 + 2ax - 4$$

를 만족시킬 때, $f(-2)$의 값은? (단, a는 실수이다.)

① 2   ② 4   ③ 6

④ 8   ⑤ 10

풀이

$$\int_a^x f(t)dt = x^3 + ax^2 + 2ax - 4 \quad\quad \cdots\cdots \text{㉠}$$

㉠에 $x=a$를 대입하면

$$\int_a^a f(t)dt = 2a^3 + 2a^2 - 4 = 0, \quad 2(a-1)(a^2+2a+2) = 0$$

a는 실수이므로 $a=1$

따라서 $\int_1^x f(t)dt = x^3 + x^2 + 2x - 4$의 양변을 x에 대하여 미분하면

$$f(x) = 3x^2 + 2x + 2$$

즉, $f(-2) = 12 - 4 + 2 = 10$ **답 ⑤**

개념 必 잡기

(1) 정적분으로 표현된 함수의 미분
연속함수 $f(x)$에 대하여

① $\dfrac{d}{dx}\displaystyle\int_a^x f(t)dt = f(x)$

② $\dfrac{d}{dx}\displaystyle\int_x^{x+a} f(t)dt = f(x+a) - f(x)$

(2) 정적분으로 표현된 함수의 극한

① $\displaystyle\lim_{x\to a} \dfrac{1}{x-a}\int_a^x f(t)dt = f(a)$

② $\displaystyle\lim_{x\to a} \dfrac{1}{x}\int_a^{x+a} f(t)dt = f(a)$

(3) 정적분으로 표현된 함수 $f(x)$ 구하기
다항함수 $g(x)$에 대하여

① $f(x) = g(x) + \displaystyle\int_a^b f(t)dt$의 꼴

    $\Rightarrow \displaystyle\int_a^b f(t)dt = c$ (c는 상수)로 놓는다.

② $\displaystyle\int_a^x f(t)dt = g(x)$의 꼴

    $\Rightarrow$ 양변을 x에 대하여 미분하고,

    $\displaystyle\int_a^a f(t)dt = g(a) = 0$임을 이용한다.

수능 유형

삼차함수 $f(x) = x^3 - a^2 x$에 대하여 함수 $g(x)$를

$$g(x) = \int_a^x f(t)dt$$

로 정의할 때, 〈보기〉에서 옳은 것만을 있는 대로 고른 것은? (단, $a>0$)

┤ 보기 ├

ㄱ. 함수 $g(x)$는 $x=0$에서 극댓값을 갖는다.
ㄴ. 함수 $y=g(x)$의 그래프는 y축에 대하여 대칭이다.
ㄷ. 함수 $g(x)$의 최솟값은 0이다.

① ㄱ   ② ㄴ   ③ ㄱ, ㄴ

④ ㄱ, ㄷ   ⑤ ㄱ, ㄴ, ㄷ

수능 感 잡기

문제 분석

정적분의 아래끝 또는 위끝에 변수가 포함된 경우로서 정적분과 미분의 관계를 이용하여 함수 $g(x)$를 구하고, $g(x)$와 관련된 명제의 참, 거짓을 판단하는 문제이다.

+α 개념

[수학Ⅱ] 정적분으로 표현된 함수	**+**	[수학Ⅱ] 정적분과 미분의 관계	**+**	[수학Ⅱ] 함수의 극대, 극소

• **[수학Ⅱ] 정적분과 미분의 관계**

함수 $f(x)$가 닫힌구간 $[a, b]$에서 연속일 때,

$$\dfrac{d}{dx}\int_a^x f(t)dt = f(x) \quad (\text{단, } a \le x \le b)$$

• **[수학Ⅱ] 함수의 극대, 극소**

미분가능한 함수 $f(x)$에 대하여 $f'(a)=0$이고 $x=a$의 좌우에서 $f'(x)$의 부호가

(1) 양에서 음으로 바뀌면 $x=a$에서 극대

(2) 음에서 양으로 바뀌면 $x=a$에서 극소

풀이

해결전략 ① 함수 $g(x)$의 증가, 감소를 표로 나타내기

$g'(x)=f(x)$이므로 $g(x)$는 사차함수이고

$f(x)=x^3-a^2x=x(x+a)(x-a)$이므로

$g'(x)=0$에서 $x=-a$ 또는 $x=0$ 또는 $x=a$

함수 $g(x)$의 증가와 감소를 표로 나타내면 다음과 같다.

x	$\cdots$	$-a$	$\cdots$	0	$\cdots$	a	$\cdots$
$g'(x)$	$-$	0	$+$	0	$-$	0	$+$
$g(x)$	$\searrow$	극소	$\nearrow$	극대	$\searrow$	극소	$\nearrow$

해결전략 ② 함수 $g(x)$의 극값 구하기

$g(-a)=\int_a^{-a}f(t)dt=\int_a^{-a}(t^3-a^2t)dt=0$

$g(0)=\int_a^0 f(t)dt=\left[\dfrac{t^4}{4}-\dfrac{a^2}{2}t^2\right]_a^0$

$\quad\quad=0-\left(\dfrac{a^4}{4}-\dfrac{a^4}{2}\right)=\dfrac{a^4}{4}>0$

$g(a)=\int_a^a f(t)dt=0$

해결전략 ③ 참, 거짓 판단하기

ㄱ. 함수 $g(x)$는 $x=0$에서 극댓값을 갖는다. (참)

ㄴ. $g'(x)=f(x)=x^3-a^2x$에서

　$g(x)=\dfrac{1}{4}x^4-\dfrac{a^2}{2}x^2+C$ (단, C는 적분상수)

　이때 모든 실수 x에 대하여 $g(-x)=g(x)$이므로 함수
　$y=g(x)$의 그래프는 y축에 대하여 대칭이다. (참)

ㄷ. 함수 $g(x)$는 $x=-a$, $x=a$에서 최솟값 0을 갖는다. (참)

따라서 옳은 것은 ㄱ, ㄴ, ㄷ이다.

답 ⑤

수능感 쌤의 수능 대비 한 마디!!

아래끝 또는 위끝에 변수가 포함되어 있는 정적분의 계산 결과
는 함수가 되고, 아래끝과 위끝이 모두 상수이면 정적분의 계산
결과는 상수가 됩니다.

수능 유형 체크

○ 9543-0076

함수 $f(x)$를

$$f(x)=\int_1^x (4t^2+at+3)dt$$

로 정의하자. $\lim\limits_{x\to 1}\dfrac{f(x)}{x^2-1}=4$일 때, 상수 a의 값은?

① -3 　　　 ② -1 　　　 ③ 1

④ 3 　　　 ⑤ 5

문항 속 개념

[수학Ⅱ]
정적분으로
표현된 함수

$+$

[수학Ⅱ]
미분계수와
도함수

16-1

○ 9543-0077

모든 실수 x에 대하여 등식

$$\int_2^x f(t)\,dt = x^4 - 4x^3 + ax$$

를 만족시키는 함수 $f(x)$가 있다. $f(2)$의 값은?

(단, a는 상수이다.)

① -16 ② -14 ③ -12

④ -10 ⑤ -8

16-2

○ 9543-0078

다항함수 $f(x)$가 모든 실수 x에 대하여

$$\int_0^x f(t)\,dt = 2x^3 + x^2 \int_1^2 f(t)\,dt$$

를 만족시킨다. $f(3)$의 값은?

① 12 ② 14 ③ 16

④ 18 ⑤ 20

16-3

○ 9543-0079

모든 실수 x에 대하여

$$\int_{-1}^{x} f(t)dt = xf(x) + 3x^2 - 4x^3$$

을 만족시키는 다항함수 $f(x)$가 있다. 〈보기〉에서 옳은 것만을 있는 대로 고른 것은?

┤ 보기 ├
ㄱ. $f(0) = -5$
ㄴ. $f(x)$는 열린구간 $(0, 1)$에서 증가한다.
ㄷ. 함수 $g(x) = xf(x)$는 극댓값과 극솟값을 갖는다.

① ㄱ   ② ㄴ   ③ ㄱ, ㄴ
④ ㄱ, ㄷ   ⑤ ㄱ, ㄴ, ㄷ

16-4

○ 9543-0080

모든 실수 x에 대하여 $f(-x) = f(x)$를 만족시키는 이차함수 $f(x)$가 있다. 함수 $g(x)$를

$$g(x) = \int_{0}^{x} (x-t)f(t)dt$$

로 정의할 때, 〈보기〉에서 옳은 것만을 있는 대로 고른 것은?

┤ 보기 ├
ㄱ. $g'(0) = 0$
ㄴ. 모든 실수 x에 대하여 $g'(x) = g'(-x)$이다.
ㄷ. $g(x)$는 $x = 0$에서 극댓값을 갖는다.

① ㄱ   ② ㄴ   ③ ㄱ, ㄴ
④ ㄱ, ㄷ   ⑤ ㄱ, ㄴ, ㄷ

17 넓이

내신 유형

곡선 $y=x^3-x^2-2x$와 x축으로 둘러싸인 도형의 넓이 는?

① $\dfrac{35}{12}$ ② 3 ③ $\dfrac{37}{12}$

④ $\dfrac{19}{6}$ ⑤ $\dfrac{13}{4}$

풀이

$y=x^3-x^2-2x=x(x+1)(x-2)$

이므로 곡선 $y=x^3-x^2-2x$와 x축으로 둘러싸인 도형은 다음 그림과 같다.

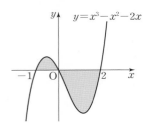

따라서 구하는 넓이를 S라 하면

$$S=\int_{-1}^{0}(x^3-x^2-2x)dx-\int_{0}^{2}(x^3-x^2-2x)dx$$

$$=\left[\frac{1}{4}x^4-\frac{1}{3}x^3-x^2\right]_{-1}^{0}-\left[\frac{1}{4}x^4-\frac{1}{3}x^3-x^2\right]_{0}^{2}$$

$$=\left\{0-\left(\frac{1}{4}+\frac{1}{3}-1\right)\right\}-\left\{\left(4-\frac{8}{3}-4\right)-0\right\}$$

$$=\frac{5}{12}+\frac{8}{3}=\frac{37}{12}$$

답 ③

개념 必 잡기

• 넓이

함수 $f(x)$가 닫힌구간 $[a,\,b]$에서 연속일 때, 곡선 $y=f(x)$와 x 축 및 두 직선 $x=a$, $x=b$로 둘러싸인 부분의 넓이 S는

$$S=\int_{a}^{b}|f(x)|dx$$

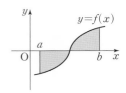

수능 유형

곡선 $y=x^2-x$와 두 직선 $x=a$, $x=a+1$ 및 x축으로 둘러싸인 도형의 넓이를 $f(a)$라 하자. $-2\leq a\leq 3$에서 $f(a)$의 최댓값과 최솟값의 합은? (단, a는 실수이다.)

① 6 ② 7 ③ 8

④ 9 ⑤ 10

수능 感 잡기

문제 분석

적분 구간이 변함에 따라 곡선과 x축으로 둘러싸인 도형의 넓이가 변수 로 표현될 때, 변수의 변화에 따른 넓이에 대한 함수의 최댓값과 최솟값 을 구하는 문제이다.

+α 개념

[수학Ⅱ] 넓이 **+** [수학Ⅱ] 정적분의 성질

• [수학Ⅱ] 정적분의 성질

(1) $a<x<b$에서 $f(x)>0$이면 $\displaystyle\int_{a}^{b}|f(x)|dx=\int_{a}^{b}f(x)dx$

(2) $a<x<b$에서 $f(x)<0$이면 $\displaystyle\int_{a}^{b}|f(x)|dx=-\int_{a}^{b}f(x)dx$

풀이

해결전략 ① 정적분을 이용하여 $f(a)$ 나타내기

곡선 $y=x^2-x$를 좌표평면 위에 나타내면 오른쪽 그림과 같다.

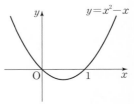

$$f(a)=\int_{a}^{a+1}|x^2-x|dx$$

이므로

해결전략 ② a의 값에 따른 $f(a)$의 식 구하기

(i) $a\leq -1$ 또는 $a\geq 1$일 때,

$$f(a)=\int_{a}^{a+1}(x^2-x)dx=\left[\frac{1}{3}x^3-\frac{1}{2}x^2\right]_{a}^{a+1}$$

$$=a^2-\frac{1}{6}$$

(ii) $-1<a\le0$일 때

$$f(a)=\int_a^0(x^2-x)dx-\int_0^{a+1}(x^2-x)dx$$

$$=\left[\frac{1}{3}x^3-\frac{1}{2}x^2\right]_a^0-\left[\frac{1}{3}x^3-\frac{1}{2}x^2\right]_0^{a+1}$$

$$=-\frac{2}{3}a^3+\frac{1}{6}$$

(iii) $0<a<1$일 때

$$f(a)=-\int_a^1(x^2-x)dx+\int_1^{a+1}(x^2-x)dx$$

$$=-\left[\frac{1}{3}x^3-\frac{1}{2}x^2\right]_a^1+\left[\frac{1}{3}x^3-\frac{1}{2}x^2\right]_1^{a+1}$$

$$=\frac{2}{3}a^3+\frac{1}{6}$$

(i), (ii), (iii)에서

$$f(a)=\begin{cases}a^2-\dfrac{1}{6} & (a\le-1\ 또는\ a\ge1)\\[2mm]-\dfrac{2}{3}a^3+\dfrac{1}{6} & (-1<a\le0)\\[2mm]\dfrac{2}{3}a^3+\dfrac{1}{6} & (0<a<1)\end{cases}$$

해결전략 ❸ $f(x)$의 최댓값과 최솟값의 합 구하기

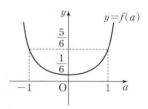

따라서 $-2\le a\le3$에서 $f(a)$의 최댓값은 $f(3)=3^2-\dfrac{1}{6}=\dfrac{53}{6}$,

최솟값은 $f(0)=\dfrac{1}{6}$이므로 $f(a)$의 최댓값과 최솟값의 합은

$$\dfrac{53}{6}+\dfrac{1}{6}=\dfrac{54}{6}=9$$

답 ④

수능感쌤의 수능 대비 한 마디!!

좌표축과 곡선 사이의 넓이, 두 곡선 사이의 넓이를 구하는 문제가 출제됩니다. 이런 유형의 문제를 해결하려면 정적분과 넓이 사이의 관계를 이해하고 구하고자 하는 도형의 넓이를 정적분의 계산을 이용하여 구하도록 합니다. 또한 주어진 문제 상황을 좌표평면 위에 그려보는 연습을 충분히 해 두도록 합니다.

수능 유형 체크   ▶ 9543-0081

그림과 같이 곡선 $y=x^3-4x+1$과 곡선 위의 점 $(1,\ -2)$에서의 접선으로 둘러싸인 도형의 넓이는?

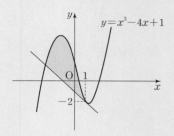

① $\dfrac{21}{4}$ ② 6 ③ $\dfrac{27}{4}$

④ $\dfrac{15}{2}$ ⑤ $\dfrac{33}{4}$

문항 속 개념

17-1

○ 9543-0082

곡선 $y=x^2+2x-1$과 직선 $y=2$로 둘러싸인 도형의 넓이는?

① $\dfrac{32}{3}$　　② $\dfrac{34}{3}$　　③ 12

④ $\dfrac{38}{3}$　　⑤ $\dfrac{40}{3}$

17-2

○ 9543-0083

그림과 같이 두 곡선 $y=x^2(x-4)$와 $y=ax(x-4)$로 둘러싸인 도형에 대하여 색칠한 두 부분의 넓이가 서로 같을 때, 상수 a의 값은? (단, $0<a<4$)

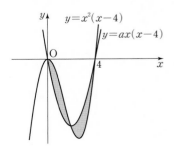

① $\dfrac{5}{3}$　　② $\dfrac{11}{6}$　　③ 2

④ $\dfrac{13}{6}$　　⑤ $\dfrac{7}{3}$

17-3

🕑 9543-0084

그림과 같이 y축 위의 점 $A(0, a)$에서 곡선 $y=x^2$에 그은 두 접선과 곡선 $y=x^2$으로 둘러싸인 도형의 넓이가 18일 때, a의 값은? (단, $a<0$)

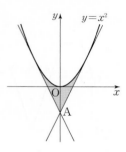

① -9 ② -8 ③ -7

④ -6 ⑤ -5

17-4

🕑 9543-0085

최고차항의 계수가 양수인 사차함수 $f(x)$가 다음 조건을 만족시킨다.

(가) 곡선 $y=f(x)$는 점 $(2, 0)$을 지난다.
(나) $f'(-2)=f'(0)=f'(2)=0$
(다) 함수 $f(x)$의 극댓값은 4이다.

곡선 $y=f(x)$와 x축으로 둘러싸인 부분의 넓이는?

① $\dfrac{122}{15}$ ② $\dfrac{124}{15}$ ③ $\dfrac{42}{5}$

④ $\dfrac{128}{15}$ ⑤ $\dfrac{26}{3}$

18 속도와 거리

내신 유형

수직선 위를 움직이는 점 P의 시각 t $(t \geq 0)$에서의 속도 $v(t)$가

$$v(t) = 6 - 2t$$

이다. 시각 $t=0$에서 $t=4$까지 점 P가 움직인 거리는?

① 6   ② 7   ③ 8
④ 9   ⑤ 10

풀이

시각 $t=0$에서 $t=4$까지 점 P가 움직인 거리를 s라 하면

$$s = \int_0^4 |6 - 2t| \, dt$$
$$= \int_0^3 (6 - 2t) \, dt + \int_3^4 (2t - 6) \, dt$$
$$= \left[6t - t^2 \right]_0^3 + \left[t^2 - 6t \right]_3^4$$
$$= (18 - 9) + \{(16 - 24) - (9 - 18)\}$$
$$= 10$$

답 ⑤

개념 必 잡기

• **수직선 위를 움직이는 점의 위치와 움직인 거리**
수직선 위를 움직이는 점 P의 시각 t에서의 속도를 $v(t)$, 시각 t_0에서의 점 P의 위치를 x_0이라고 할 때

(1) 시각 t에서의 위치는

$$x = x_0 + \int_{t_0}^t v(t) \, dt$$

(2) 시각 $t=a$에서 $t=b$까지의 위치의 변화량은

$$\int_a^b v(t) \, dt$$

(3) 시각 $t=a$에서 $t=b$까지 점 P가 움직인 거리 x는

$$x = \int_a^b |v(t)| \, dt$$

수능 유형

원점을 출발하여 수직선 위를 움직이는 점 P의 시각 t에서의 속도를 $v(t)$라 할 때, $0 \leq t \leq 8$에서 $y = v(t)$의 그래프가 그림과 같다. 〈보기〉에서 옳은 것만을 있는 대로 고른 것은?

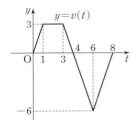

보기

ㄱ. $t=8$에서의 점 P의 위치는 -2이다.
ㄴ. $t=0$에서 $t=8$까지 점 P가 움직인 거리는 21이다.
ㄷ. 원점에서 점 P까지의 거리의 최댓값은 9이다.

① ㄱ   ② ㄴ   ③ ㄷ
④ ㄴ, ㄷ   ⑤ ㄱ, ㄴ, ㄷ

수능 感 잡기

문제 분석

점 P의 시각 t에서의 속도 $v(t)$에 대하여 $y = v(t)$의 그래프가 주어진 상황에서 점 P의 위치, 위치의 변화량, 움직인 거리 등을 구하여 명제의 참, 거짓을 판단하는 문제이다.

+α 개념

| [수학Ⅱ] 속도와 거리 | + | [수학Ⅱ] 정적분 | + | [수학Ⅱ] 넓이 |

• **[수학Ⅱ] 속도와 거리**
수직선 위를 움직이는 점 P의 시각 t에서의 속도가 $v(t)$이고 $t = t_0$에서의 점 P의 위치가 x_0일 때

(1) 시각 t에서의 점 P의 위치 $\Rightarrow x_0 + \int_{t_0}^t v(t) \, dt$

(2) $t = a$에서 $t = b$ $(a \leq b)$까지 점 P의 위치의 변화량

$$\Rightarrow \int_a^b v(t) \, dt$$

(3) $t=a$에서 $t=b$ $(a\leq b)$까지 점 P가 움직인 거리

$\Rightarrow \displaystyle\int_a^b |v(t)|dt$

풀이

해결전략 ① 정적분을 이용하여 점 P의 위치 구하기

주어진 그래프에서

$$\int_0^4 v(t)dt=\frac{1}{2}\times(4+2)\times 3=9 \qquad \cdots\cdots \text{㉠}$$

$$\int_4^8 v(t)dt=-\left(\frac{1}{2}\times 4\times 6\right)=-12 \qquad \cdots\cdots \text{㉡}$$

ㄱ. 시각 t에서의 점 P의 위치를 $x(t)$라 하면

$$x(8)=x(0)+\int_0^8 v(t)dt$$

$$=0+\int_0^4 v(t)dt+\int_4^8 v(t)dt$$

$$=0+9+(-12)$$

$$=-3 \ (거짓)$$

해결전략 ② $\displaystyle\int_0^8 |v(t)|dt$임을 이용하여 $t=0$에서 $t=8$까지 점 P가 움직인 거리 구하기

ㄴ. $\displaystyle\int_0^8 |v(t)|dt=\int_0^4 v(t)dt-\int_4^8 v(t)dt$

$$=9-(-12)$$

$$=21 \ (참)$$

해결전략 ③ 원점에서 점 P까지의 거리의 최댓값 구하기

ㄷ. ㉠, ㉡에서 원점에서 점 P까지의 거리의 최댓값은 $v(t)\geq 0$인 구간에서 움직인 거리이므로

$$\int_0^4 v(t)dt=9 \ (참)$$

따라서 옳은 것은 ㄴ, ㄷ이다.

답 ④

수능感 쌤의 수능 대비 한 마디!!

속도와 거리에 관련된 문제에서 점의 위치와 움직인 거리를 정적분과 넓이로 구분하고, 절대 혼동하지 않아야 합니다.

수능유형 체크 ○ 9543-0086

원점을 출발하여 수직선 위를 움직이는 점 P의 시각 t에서의 속도가 $v(t)=t^2-5t+4$라 할 때, 점 P가 처음 출발할 때의 방향과 반대 방향으로 움직인 거리는?

① $\dfrac{7}{2}$ 　　　② 4 　　　③ $\dfrac{9}{2}$

④ 5 　　　⑤ $\dfrac{11}{2}$

문항 속 개념

[수학Ⅱ] 속도와 거리 **+** **[수학]** 이차부등식

18-1
○ 9543-0087

수직선 위를 움직이는 점 P의 시각 t $(t \geq 0)$에서의 위치 x가

$$x = t^3 + at^2 \ (a\text{는 상수})$$

이다. $t=2$에서 점 P의 속도가 0일 때, $t=0$에서 $t=2$까지 점 P가 움직인 거리는?

① 3   ② 4   ③ 5

④ 6   ⑤ 7

18-2
○ 9543-0088

원점을 출발하여 수직선 위를 움직이는 점 P의 시각 t에서의 속도 $v(t)$가

$$v(t) = 3 - 2t$$

이다. 점 P가 다시 원점을 지날 때까지 움직인 거리는?

① 3   ② $\dfrac{7}{2}$ ③ 4

④ $\dfrac{9}{2}$ ⑤ 5

18-3

9543-0089

원점을 출발하여 수직선 위를 움직이는 두 점 P, Q가 있다. 시각 t에서의 두 점 P, Q의 속도가 각각

$$v_P(t)=t, \ v_Q(t)=-3t^2+6t$$

일 때, $t>0$에서 두 점 P, Q가 다시 만날 때까지 두 점 P, Q가 움직인 거리를 각각 A, B라 하자. $A+B$의 값은?

① 6   ② 7   ③ 8

④ 9   ⑤ 10

18-4

9543-0090

원점을 출발하여 수직선 위를 움직이는 점 P의 시각 t에서의 속도 $v(t)$가

$$v(t)=at^2+bt \ (a, \ b는 \ 상수)$$

이다. 점 P가 원점을 출발한 후 $t=2$일 때 수직선 위의 $x=\dfrac{20}{3}$인 지점에서 운동 방향을 바꾼다고 할 때, $t=0$에서 $t=3$까지 점 P가 움직인 거리는?

① 10   ② $\dfrac{35}{3}$ ③ $\dfrac{40}{3}$

④ 15   ⑤ $\dfrac{50}{3}$

memo

memo

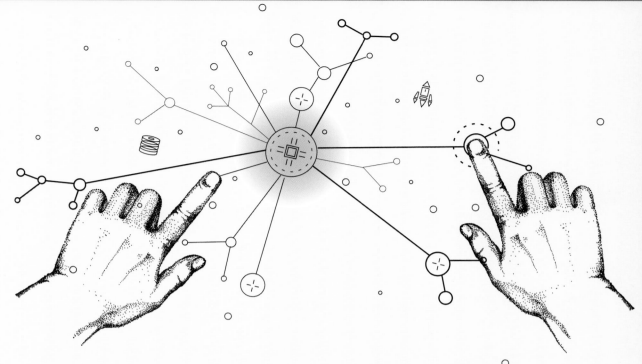

올림포스

[국어, 영어, 수학의 EBS 대표 교재, 올림포스]

2015 개정 교육과정에 따른 모든 교과서의 기본 개념 정리
내신과 수능을 대비하는 다양한 평가 문항
수행평가 대비 코너 제공

국어, 영어, 수학은 EBS 올림포스로 끝낸다.

[올림포스 16책]

국어 영역 : 국어, 현대문학, 고전문학, 독서, 언어와 매체, 화법과 작문
영어 영역 : 독해의 기본1, 독해의 기본2, 구문 연습 300
수학 영역 : 수학(상), 수학(하), 수학 I , 수학 II , 미적분, 확률과 통계, 기하

EBS

수능 감 感 잡기

정답과 풀이

수학영역

수학 II

내신에서 수능으로 연결되는 포인트를 잡는 학습 전략

내신형 문항
내신 유형의 문항으로
익히는 개념과 해결법

동일한 소재·유형

수능형 문항
수능 유형의 문항을
통해 익숙해지는 수능

오늘의 철학자가 이야기하는
고전을 둘러싼 지금 여기의 질문들

EBS X 한국철학사상연구회
오늘 읽는 클래식

"클래식 읽기는 스스로 묻고 사유하고 대답하는 소중한 열쇠가 된다.
고전을 통한 인문학적 지혜는
오늘을 살아가는 우리에게 삶의 이정표를 제시해준다."

- 한국철학사상연구회

한국철학사상연구회 기획 | 각 권 정가 13,000원

오늘 읽는 클래식을
원전 탐독 전, 후에 반드시 읽어야 할 이유

01/ 한국철학사상연구회 소속 오늘의 철학자와 함께 읽는 철학적 사유의 깊이와
현대적 의미를 파악하는 구성의 고전 탐독

02/ 혼자서는 이해하기 힘든 주요 개념의 친절한 정리와 다양한 시각 자료

03/ 철학적 계보를 엿볼 수 있는 추천 도서 정리

EBS 수능 감 잡기 **수학** Ⅱ

정답과 풀이

Ⅰ. 함수의 극한과 연속

01 좌극한과 우극한

모든 실수 x에 대하여 $f(-x)=-f(x)$이므로 함수 $y=f(x)$의 그래프는 원점에 대하여 대칭이다.
따라서 함수 $y=f(x)$의 그래프는 다음 그림과 같다.

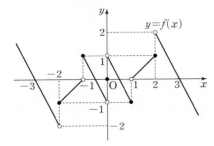

$\lim\limits_{x\to 2-}f(x)=1$, $\lim\limits_{x\to -1+}f(x)=1$이므로
$\lim\limits_{x\to 2-}f(x)+\lim\limits_{x\to -1+}f(x)=1+1=2$

답 ④

|다른 풀이

$\lim\limits_{x\to 2-}f(x)=1$이고

$\lim\limits_{x\to -1+}f(x)$에서 $x=-t$라 하면

$f(-x)=-f(x)$이고 $x\to-1+$일 때 $t\to 1-$이므로

$\lim\limits_{x\to -1+}f(x)=\lim\limits_{t\to 1-}f(-t)$
$\qquad\qquad\quad =\lim\limits_{t\to 1-}\{-f(t)\}$
$\qquad\qquad\quad =-\lim\limits_{t\to 1-}f(t)$
$\qquad\qquad\quad =-(-1)=1$

따라서

$\lim\limits_{x\to 2-}f(x)+\lim\limits_{x\to -1+}f(x)=1+1$
$\qquad\qquad\qquad\qquad\qquad =2$

01-1	⑤	01-2	④	01-3	①	01-4	②

01-1

$x<1$일 때, $x-1<0$이므로

$\lim\limits_{x\to 1-}\dfrac{|x-1|}{x^2-1}=\lim\limits_{x\to 1-}\dfrac{-(x-1)}{(x+1)(x-1)}$
$\qquad\qquad\qquad =\lim\limits_{x\to 1-}\dfrac{-1}{x+1}$
$\qquad\qquad\qquad =-\dfrac{1}{2}$

$x>2$일 때, $x-2>0$이므로

$\lim\limits_{x\to 2+}\dfrac{x^2-x-2}{|x-2|}=\lim\limits_{x\to 2+}\dfrac{(x-2)(x+1)}{x-2}$
$\qquad\qquad\qquad =\lim\limits_{x\to 2+}(x+1)$
$\qquad\qquad\qquad =2+1$
$\qquad\qquad\qquad =3$

따라서

$\lim\limits_{x\to 1-}\dfrac{|x-1|}{x^2-1}+\lim\limits_{x\to 2+}\dfrac{x^2-x-2}{|x-2|}=-\dfrac{1}{2}+3$
$\qquad\qquad\qquad\qquad\qquad\qquad\qquad =\dfrac{5}{2}$

답 ⑤

01-2

$\lim\limits_{x\to -1-}f(x)=\lim\limits_{x\to -1-}(x^2-x+a)$
$\qquad\qquad\quad =1+1+a$
$\qquad\qquad\quad =2+a$

$\lim\limits_{x\to -1+}f(x)=\lim\limits_{x\to -1+}(-x+2a)$
$\qquad\qquad\quad =1+2a$

이때 $\lim\limits_{x\to -1}f(x)$의 값이 존재하므로

$2+a=1+2a$

$a=1$

따라서

$f(x)=\begin{cases} x^2-x+1 & (x<-1) \\ -x+2 & (-1\le x<1) \\ 3x^2+2x-1 & (x\ge 1) \end{cases}$

이므로

$\lim\limits_{x\to 1+}f(x)=\lim\limits_{x\to 1+}(3x^2+2x-1)$
$\qquad\qquad\quad =3+2-1$
$\qquad\qquad\quad =4$

답 ④

01-3

모든 실수 x에 대하여 $f(x+4)=f(x)$이므로

$$\lim_{x \to 15-} f(x) = \lim_{x \to -1-} f(x) = -1$$

$$\lim_{x \to 22+} f(x) = \lim_{x \to -2+} f(x) = -2$$

따라서

$$\lim_{x \to 15-} f(x) + \lim_{x \to 22+} f(x) = (-1) + (-2)$$
$$= -3$$

답 ①

01-4

주어진 그래프에서 $\lim_{x \to -1-} f(x) = -1$이고

$\lim_{x \to 0+} f(1-x)$에서 $1-x=t$라 하면

$x \to 0+$일 때, $t \to 1-$이므로

$$\lim_{x \to 0+} f(1-x) = \lim_{t \to 1-} f(t) = 1$$

따라서

$$\lim_{x \to -1-} f(x) + \lim_{x \to 0+} f(1-x) = -1+1$$
$$= 0$$

답 ②

02 함수의 극한값의 계산

$$\lim_{x \to \infty} (\sqrt{x^2+x+1} - x)$$

$$= \lim_{x \to \infty} \frac{(\sqrt{x^2+x+1}-x)(\sqrt{x^2+x+1}+x)}{\sqrt{x^2+x+1}+x}$$

$$= \lim_{x \to \infty} \frac{x^2+x+1-x^2}{\sqrt{x^2+x+1}+x}$$

$$= \lim_{x \to \infty} \frac{x+1}{\sqrt{x^2+x+1}+x}$$

$$= \lim_{x \to \infty} \frac{1+\dfrac{1}{x}}{\sqrt{1+\dfrac{1}{x}+\dfrac{1}{x^2}}+1}$$

$$= \frac{1}{1+1}$$

$$= \frac{1}{2}$$

답 ③

02-1	①	02-2	②	02-3	②	02-4	③

02-1

$$\lim_{x \to 2} \frac{2x^3-x^2-4x-4}{x^2-x-2}$$

$$= \lim_{x \to 2} \frac{(x-2)(2x^2+3x+2)}{(x-2)(x+1)}$$

$$= \lim_{x \to 2} \frac{2x^2+3x+2}{x+1}$$

$$= \frac{8+6+2}{3}$$

$$= \frac{16}{3}$$

답 ①

02-2

$$\lim_{x \to 4} \frac{2}{x-4}\left(1 - \frac{2}{\sqrt{x}}\right) = \lim_{x \to 4}\left(\frac{2}{x-4} \times \frac{\sqrt{x}-2}{\sqrt{x}}\right)$$
$$= \lim_{x \to 4} \frac{2(\sqrt{x}-2)(\sqrt{x}+2)}{\sqrt{x}(x-4)(\sqrt{x}+2)}$$
$$= \lim_{x \to 4} \frac{2(x-4)}{\sqrt{x}(x-4)(\sqrt{x}+2)}$$
$$= \lim_{x \to 4} \frac{2}{\sqrt{x}(\sqrt{x}+2)}$$
$$= \frac{2}{2 \times 4}$$
$$= \frac{1}{4}$$

답 ②

02-3

$x = -t$로 놓으면 $x \to -\infty$일 때 $t \to \infty$이므로

$$\lim_{x \to -\infty} \frac{\sqrt{x^2+2x-1}-x+1}{4x+3}$$
$$= \lim_{t \to \infty} \frac{\sqrt{t^2-2t-1}+t+1}{-4t+3}$$
$$= \lim_{t \to \infty} \frac{\sqrt{1 - \dfrac{2}{t} - \dfrac{1}{t^2}} + 1 + \dfrac{1}{t}}{-4 + \dfrac{3}{t}}$$
$$= \frac{1+1}{-4}$$
$$= -\frac{1}{2}$$

답 ②

02-4

최고차항의 계수가 1인 이차함수 $f(x)$가
$f(0)=f(2)=2$를 만족시키므로
$$f(x)-2=x(x-2)$$
라 하자.

ㄱ. $\lim_{x \to 2} \dfrac{x-2}{f(x)-2} = \lim_{x \to 2} \dfrac{x-2}{x(x-2)}$
$\qquad\qquad = \lim_{x \to 2} \dfrac{1}{x}$
$\qquad\qquad = \dfrac{1}{2}$

ㄴ. $f(x) = x(x-2)+2$이므로
$$\lim_{x \to 0} \frac{f(x-1)}{x} = \lim_{x \to 0} \frac{(x-1)(x-3)+2}{x}$$
에서 $x \to 0$일 때 (분모) $\to 0$, (분자) $\to 5$이므로 극한값이 존재하지 않는다.

ㄷ. $\lim_{x \to 3} \dfrac{x-3}{\sqrt{f(x)-4}-1}$
$$= \lim_{x \to 3} \frac{x-3}{\sqrt{x(x-2)+2-4}-1}$$
$$= \lim_{x \to 3} \frac{(x-3)(\sqrt{x^2-2x-2}+1)}{(\sqrt{x^2-2x-2}-1)(\sqrt{x^2-2x-2}+1)}$$
$$= \lim_{x \to 3} \frac{(x-3)(\sqrt{x^2-2x-2}+1)}{x^2-2x-3}$$
$$= \lim_{x \to 3} \frac{(x-3)(\sqrt{x^2-2x-2}+1)}{(x-3)(x+1)}$$
$$= \lim_{x \to 3} \frac{\sqrt{x^2-2x-2}+1}{x+1}$$
$$= \frac{1+1}{4}$$
$$= \frac{1}{2}$$

따라서 극한값이 존재하는 것은 ㄱ, ㄷ이다.

답 ③

함수의 극한에 대한 성질

수능 유형 체크   본문 15쪽

$\lim\limits_{x \to 3} \dfrac{x^3 - 2x^2 - 9}{f(x-3)}$ 에서

$x - 3 = t$ 라 하면

$x \to 3$일 때 $t \to 0$이므로

$$\lim\limits_{x \to 3} \dfrac{x^3 - 2x^2 - 9}{f(x-3)} = \lim\limits_{t \to 0} \dfrac{(t+3)^3 - 2(t+3)^2 - 9}{f(t)}$$

$$= \lim\limits_{t \to 0} \dfrac{t^3 + 7t^2 + 15t}{f(t)}$$

$$= \lim\limits_{t \to 0} \dfrac{t(t^2 + 7t + 15)}{f(t)}$$

$$= \lim\limits_{t \to 0} \dfrac{t}{f(t)} \times \lim\limits_{t \to 0} (t^2 + 7t + 15)$$

$$= \dfrac{1}{3} \times 15$$

$$= 5$$

답 ③

수능의 감을 쑥쑥 키워주는 **수능 유제**   본문 16~17쪽

03-1	①	03-2	②	03-3	19	03-4	②

03-1

$\lim\limits_{x \to 0} \dfrac{f(x)}{x} = 5$이므로

$$\lim\limits_{x \to 0} \dfrac{f(x) - 3x^2 + 5x}{2x^4 + 3x} = \lim\limits_{x \to 0} \dfrac{\dfrac{f(x)}{x} - 3x + 5}{2x^3 + 3}$$

$$= \dfrac{\lim\limits_{x \to 0} \dfrac{f(x)}{x} - \lim\limits_{x \to 0} 3x + \lim\limits_{x \to 0} 5}{\lim\limits_{x \to 0} 2x^3 + \lim\limits_{x \to 0} 3}$$

$$= \dfrac{5 - 0 + 5}{0 + 3}$$

$$= \dfrac{10}{3}$$

답 ①

03-2

$$2f(x) + 3g(x) = p(x) \quad \cdots\cdots \text{㉠}$$

$$4f(x) - g(x) = q(x) \quad \cdots\cdots \text{㉡}$$

라 하면

$$\lim\limits_{x \to 2} p(x) = 3, \ \lim\limits_{x \to 2} q(x) = 13$$

㉠$+$㉡$\times 3$에서

$$14f(x) = p(x) + 3q(x)$$

즉, $f(x) = \dfrac{p(x) + 3q(x)}{14}$이므로

$$\lim\limits_{x \to 2} f(x) = \lim\limits_{x \to 2} \dfrac{p(x) + 3q(x)}{14} = \dfrac{3 + 3 \times 13}{14} = 3$$

㉠$\times 2 -$㉡에서

$$7g(x) = 2p(x) - q(x)$$

즉, $g(x) = \dfrac{2p(x) - q(x)}{7}$이므로

$$\lim\limits_{x \to 2} g(x) = \lim\limits_{x \to 2} \dfrac{2p(x) - q(x)}{7} = \dfrac{2 \times 3 - 13}{7} = -1$$

따라서

$$\lim\limits_{x \to 2} \{f(x) + g(x)\} = \lim\limits_{x \to 2} f(x) + \lim\limits_{x \to 2} g(x)$$

$$= 3 + (-1)$$

$$= 2$$

답 ②

03-3

$\dfrac{f(x) + g(x)}{f(x) - g(x)} = h(x)$라 하면

$\{h(x) - 1\}f(x) = \{h(x) + 1\}g(x)$에서

$$\dfrac{g(x)}{f(x)} = \dfrac{h(x) - 1}{h(x) + 1}$$

이고 $\lim\limits_{x \to \infty} h(x) = 2$이므로

$$\lim\limits_{x \to \infty} \dfrac{g(x)}{f(x)} = \lim\limits_{x \to \infty} \dfrac{h(x) - 1}{h(x) + 1}$$

$$= \dfrac{2 - 1}{2 + 1}$$

$$= \dfrac{1}{3}$$

따라서

$$\lim\limits_{x \to \infty} \dfrac{3f(x) - g(x)}{2f(x) + 5g(x)} = \lim\limits_{x \to \infty} \dfrac{3 - \dfrac{g(x)}{f(x)}}{2 + 5 \times \dfrac{g(x)}{f(x)}}$$

$$= \frac{3-\frac{1}{3}}{2+5\times\frac{1}{3}} = \frac{\frac{8}{3}}{\frac{11}{3}}$$

$$= \frac{8}{11}$$

이므로 $p=11$, $q=8$

즉, $p+q=11+8=19$

답 19

03-4

모든 양의 실수 x에 대하여 $g(x) \le h(x) \le f(x)$이므로

$x>1$일 때,

$$\frac{g(x)-4}{x-1} \le \frac{h(x)-4}{x-1} \le \frac{f(x)-4}{x-1}$$

이때

$$\lim_{x\to 1+}\frac{f(x)-4}{x-1} = \lim_{x\to 1+}\frac{x^3-3x^2+x+1}{x-1}$$

$$= \lim_{x\to 1+}\frac{(x-1)(x^2-2x-1)}{x-1}$$

$$= \lim_{x\to 1+}(x^2-2x-1)$$

$$= -2$$

$$\lim_{x\to 1+}\frac{g(x)-4}{x-1} = \lim_{x\to 1+}\frac{-x^4+x^2}{x-1}$$

$$= \lim_{x\to 1+}\frac{-x^2(x+1)(x-1)}{x-1}$$

$$= \lim_{x\to 1+}(-x^3-x^2)$$

$$= -2$$

이므로 $\displaystyle\lim_{x\to 1+}\frac{h(x)-4}{x-1}=-2$

마찬가지 방법으로

$0<x<1$일 때, $\dfrac{f(x)-4}{x-1} \le \dfrac{h(x)-4}{x-1} \le \dfrac{g(x)-4}{x-1}$이고

$\displaystyle\lim_{x\to 1-}\frac{f(x)-4}{x-1} = \lim_{x\to 1-}\frac{g(x)-4}{x-1}=-2$이므로

$$\lim_{x\to 1-}\frac{h(x)-4}{x-1}=-2$$

따라서

$$\lim_{x\to 1}\frac{h(x)-4}{x-1}=-2$$

답 ②

04 미정계수와 함수식의 결정

수능 유형 체크　　　　　　　　본문 19쪽

$\displaystyle\lim_{x\to 3}\frac{f(x)-5x+1}{x^2-9}=1$에서 $x\to 3$일 때 (분모) $\to 0$이고 극한

값이 존재하므로 (분자) $\to 0$이어야 한다.

즉, $\displaystyle\lim_{x\to 3}\{f(x)-5x+1\}=0$이므로

$f(3)-15+1=0$

$f(3)=14$

함수 $f(x)$가 일차함수이므로

$f(x)=ax+b$ (a, b는 상수, $a\ne 0$)

라 하면

$f(3)=3a+b=14$에서

$b=14-3a$

즉, $f(x)=ax+14-3a$이므로

$$\lim_{x\to 3}\frac{f(x)-5x+1}{x^2-9} = \lim_{x\to 3}\frac{(a-5)x+15-3a}{x^2-9}$$

$$= \lim_{x\to 3}\frac{(a-5)(x-3)}{(x+3)(x-3)}$$

$$= \lim_{x\to 3}\frac{a-5}{x+3}$$

$$= \frac{a-5}{6}=1$$

에서 $a=11$

따라서 $f(x)=11x-19$이므로

$f(2)=11\times 2-19$

$\qquad =3$

답 ③

수능의 감을 쑥쑥 키워주는 수능 유제　　본문 20~21쪽

04-1	①	04-2	⑤	04-3	③	04-4	②

04-1

$\displaystyle\lim_{x\to a}\frac{x^2+2ax+b}{x-a}=2b$에서 $x\to a$일 때 (분모) $\to 0$이고 극한

값이 존재하므로 (분자) $\to 0$이어야 한다. 즉,

$$\lim_{x \to a} (x^2 + 2ax + b) = a^2 + 2a^2 + b$$
$$= 3a^2 + b = 0$$
$$b = -3a^2 \qquad \cdots\cdots \text{㉠}$$
$$\lim_{x \to a} \frac{x^2 + 2ax - 3a^2}{x-a} = \lim_{x \to a} \frac{(x-a)(x+3a)}{x-a}$$
$$= \lim_{x \to a} (x+3a)$$
$$= 4a = 2b$$
$$b = 2a \qquad \cdots\cdots \text{㉡}$$
㉡을 ㉠에 대입하면
$$2a = -3a^2$$
$$3a^2 + 2a = 0, \ a(3a+2) = 0$$
$a \neq 0$이므로 $a = -\dfrac{2}{3}$

따라서 $a = -\dfrac{2}{3}$를 ㉡에 대입하면 $b = -\dfrac{4}{3}$이므로
$$a + b = -\frac{2}{3} - \frac{4}{3}$$
$$= -2$$

답 ①

04-2

$$\lim_{x \to 2} \frac{\sqrt{ax+b}-3}{x-2} = -1 \qquad \cdots\cdots \text{㉠}$$

에서 $x \to 2$일 때 (분모) $\to 0$이고 극한값이 존재하므로
(분자) $\to 0$이어야 한다.

즉, $\lim_{x \to 2}(\sqrt{ax+b}-3) = 0$이므로
$$\sqrt{2a+b} = 3, \ 2a+b = 9$$
$$b = -2a + 9 \qquad \cdots\cdots \text{㉡}$$
㉠, ㉡에서
$$\lim_{x \to 2} \frac{\sqrt{ax+b}-3}{x-2}$$
$$= \lim_{x \to 2} \frac{\sqrt{ax-2a+9}-3}{x-2}$$
$$= \lim_{x \to 2} \frac{(\sqrt{ax-2a+9}-3)(\sqrt{ax-2a+9}+3)}{(x-2)(\sqrt{ax-2a+9}+3)}$$
$$= \lim_{x \to 2} \frac{ax-2a+9-9}{(x-2)(\sqrt{ax-2a+9}+3)}$$
$$= \lim_{x \to 2} \frac{a(x-2)}{(x-2)(\sqrt{ax-2a+9}+3)}$$
$$= \lim_{x \to 2} \frac{a}{\sqrt{ax-2a+9}+3}$$

$$= \frac{a}{3+3}$$
$$= \frac{a}{6} = -1$$
따라서 $a = -6$, $b = 21$이므로
$$a + b = -6 + 21$$
$$= 15$$

답 ⑤

04-3

조건 (다)에서 $\lim_{x \to \infty} \dfrac{f(x)}{x^3} = 0$이므로 $f(x)$는 차수가 2 이하인 다항식이다.

즉, $f(x) = ax^2 + bx + c$ (a, b, c는 상수) $\qquad \cdots\cdots \text{㉠}$
로 놓을 수 있다.

이때 조건 (나)에서 $x \to 0$일 때 (분모) $\to 0$이고 극한값이 존재하므로 (분자) $\to 0$이어야 한다.

즉, $\lim_{x \to 0} f(x) = 0$이므로
$$f(0) = 0$$
㉠에서 $c = 0$
조건 (나)의 식에 $f(x) = ax^2 + bx$를 대입하면
$$\lim_{x \to 0} \frac{f(x)}{x} = \lim_{x \to 0} \frac{ax^2 + bx}{x}$$
$$= \lim_{x \to 0} (ax+b)$$
$$= b = 7$$
즉, $f(x) = ax^2 + 7x$이고 조건 (가)에서 $f(1) = 10$이므로
$$f(1) = a + 7 = 10$$에서
$$a = 3$$
따라서 $f(x) = 3x^2 + 7x$이므로
$$f(2) = 3 \times 2^2 + 7 \times 2$$
$$= 26$$

답 ③

04-4

$$\lim_{x \to 1+} \frac{(x-1)^3 f\left(\dfrac{1}{x-1}\right)-2}{x^2-x} = 3$$
에서 $x - 1 = t$라 하면 $x \to 1+$일 때 $t \to 0+$이므로

$$\lim_{x \to 1+} \frac{(x-1)^3 f\left(\frac{1}{x-1}\right)-2}{x^2-x} = \lim_{t \to 0+} \frac{t^3 f\left(\frac{1}{t}\right)-2}{t^2+t}$$

$$= \lim_{t \to 0+} \frac{f\left(\frac{1}{t}\right)-\frac{2}{t^3}}{\frac{1}{t}+\frac{1}{t^2}} \qquad \cdots\cdots \text{㉠}$$

㉠에서 $\frac{1}{t}=s$라 하면 $t \to 0+$일 때 $s \to \infty$이므로

$$\lim_{t \to 0+} \frac{f\left(\frac{1}{t}\right)-\frac{2}{t^3}}{\frac{1}{t}+\frac{1}{t^2}} = \lim_{s \to \infty} \frac{f(s)-2s^3}{s+s^2}$$

$$= \lim_{x \to \infty} \frac{f(x)-2x^3}{x+x^2}=3 \qquad \cdots\cdots \text{㉡}$$

㉡에서 극한값이 3이므로 $f(x)-2x^3$은 최고차항의 계수가 3인 이차식이어야 한다.

따라서

$$f(x)=2x^3+3x^2+ax+b \ (a,\ b\text{는 상수}) \qquad \cdots\cdots \text{㉢}$$

로 놓을 수 있다.

조건 (나)에서 $x \to 2$일 때 (분모)$\to 0$이고 극한값이 존재하므로 (분자)$\to 0$이어야 한다.

즉, $\lim_{x \to 2} f(x)=f(2)=0$에서

$28+2a+b=0$이므로

$$b=-2a-28 \qquad \cdots\cdots \text{㉣}$$

㉣을 ㉢에 대입하면

$$f(x)=2x^3+3x^2+ax-2a-28$$

이므로

$$\lim_{x \to 2} \frac{f(x)}{x^2+x-6} = \lim_{x \to 2} \frac{2x^3+3x^2+ax-2a-28}{x^2+x-6}$$

$$= \lim_{x \to 2} \frac{(x-2)(2x^2+7x+a+14)}{(x-2)(x+3)}$$

$$= \lim_{x \to 2} \frac{2x^2+7x+a+14}{x+3}$$

$$= \frac{a+36}{5}$$

이때 $\frac{a+36}{5}=\frac{26}{5}$이므로

$a=-10$

따라서 $f(x)=2x^3+3x^2-10x-8$이므로

$$f(1)=2+3-10-8$$

$$=-13$$

답 ②

05 함수의 극한의 활용

본문 23쪽

수능 유형 체크

점 $P(t,\ t^2)$을 지나고 기울기가 1인 직선의 방정식은

$y-t^2=x-t$, 즉 $y=x+t^2-t$

$x^2=x+t^2-t$에서

$x^2-x-t^2+t=0$

$x^2-x-t(t-1)=0$

$(x-t)(x+t-1)=0$

$x=t$ 또는 $x=-t+1$

이때 점 P의 x좌표가 t이므로 점 Q의 x좌표는 $-t+1$이다.

다음 그림과 같이 직선 PQ가 y축과 만나는 점을 R, 두 점 P, Q에서 y축에 내린 수선의 발을 각각 H_1, H_2라 하자.

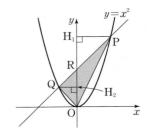

$\overline{OR}=t^2-t$, $\overline{PH_1}=t$, $\overline{QH_2}=t-1$이므로

$f(t)=$(삼각형 OPQ의 넓이)

$\quad=$(삼각형 OPR의 넓이)$+$(삼각형 ORQ의 넓이)

$\quad=\frac{1}{2} \times \overline{OR} \times \overline{PH_1}+\frac{1}{2} \times \overline{OR} \times \overline{QH_2}$

$\quad=\frac{1}{2} \times \overline{OR} \times (\overline{PH_1}+\overline{QH_2})$

$\quad=\frac{1}{2}(t^2-t)(2t-1)$

따라서

$$\lim_{t \to 1+} \frac{f(t)}{t-1} = \lim_{t \to 1+} \frac{(t^2-t)(2t-1)}{2(t-1)}$$

$$= \lim_{t \to 1+} \frac{t(2t-1)}{2}$$

$$= \frac{1}{2}$$

답 ③

수능의 감을 쑥쑥 키워주는 **수능 유제** 　본문 24~25쪽

05-1	③	05-2	⑤	05-3	④	05-4	1

05-1

삼각형 ABP는 $\angle APB = 90°$인 직각삼각형이고

$\overline{AP} = t$, $\overline{BP} = \dfrac{2t}{t-3} - 2 = \dfrac{6}{t-3}$

이므로 삼각형 ABP의 넓이 $S(t)$는

$$S(t) = \frac{1}{2} \times \overline{AP} \times \overline{BP}$$

$$= \frac{1}{2} \times t \times \frac{6}{t-3}$$

$$= \frac{3t}{t-3}$$

따라서

$$\lim_{t \to \infty} S(t) = \lim_{t \to \infty} \frac{3t}{t-3}$$

$$= \lim_{t \to \infty} \frac{3}{1 - \dfrac{3}{t}}$$

$$= 3$$

답 ③

05-2

$\overline{OB} = \sqrt{t^2 + 4t^2} = \sqrt{5}\,t$,

$\overline{AB} = \sqrt{(t-2)^2 + (2t-0)^2} = \sqrt{5t^2 - 4t + 4}$이고

$P(f(t), 0)$이므로

$\overline{OB} : \overline{AB} = \overline{OP} : \overline{PA}$

즉, $\sqrt{5}\,t : \sqrt{5t^2 - 4t + 4} = f(t) : \{2 - f(t)\}$

$\sqrt{5}\,t\{2 - f(t)\} = f(t)\sqrt{5t^2 - 4t + 4}$

$f(t) = \dfrac{2\sqrt{5}\,t}{\sqrt{5}\,t + \sqrt{5t^2 - 4t + 4}}$이므로

$$\lim_{t \to \infty} f(t) = \lim_{t \to \infty} \frac{2\sqrt{5}\,t}{\sqrt{5}\,t + \sqrt{5t^2 - 4t + 4}}$$

$$= \lim_{t \to \infty} \frac{2\sqrt{5}}{\sqrt{5} + \sqrt{5 - \dfrac{4}{t} + \dfrac{4}{t^2}}}$$

$$= \frac{2\sqrt{5}}{\sqrt{5} + \sqrt{5}}$$

$$= 1$$

답 ⑤

05-3

삼각형 BPQ는 $\angle QBP = 60°$, $\angle BPQ = 90°$인 직각삼각형이므로 $\overline{BP} = x$이면 $\overline{BQ} = 2x$이다.

따라서

$f(x) = $ (삼각형 BPQ의 넓이)

$$= \frac{1}{2} \times x \times 2x \times \sin 60°$$

$$= \frac{\sqrt{3}}{2} x^2$$

이때 $\overline{AQ} = 3 - 2x$이므로

$\overline{AR} = 2(3 - 2x)$

$\quad = 6 - 4x$

또, $\overline{CR} = 3 - (6 - 4x) = 4x - 3$에서

$\overline{CS} = 2(4x - 3)$

$\quad = 8x - 6$

이므로

$g(x) = $ (삼각형 SCR의 넓이)

$$= \frac{1}{2} \times (4x - 3) \times (8x - 6) \times \sin 60°$$

$$= \frac{\sqrt{3}}{2}(4x - 3)^2$$

따라서

$$\lim_{x \to 1} \frac{g(x) - f(x)}{x - 1} = \lim_{x \to 1} \frac{\dfrac{\sqrt{3}}{2}(4x - 3)^2 - \dfrac{\sqrt{3}}{2}x^2}{x - 1}$$

$$= \frac{\sqrt{3}}{2} \lim_{x \to 1} \frac{15x^2 - 24x + 9}{x - 1}$$

$$= \frac{3\sqrt{3}}{2} \lim_{x \to 1} \frac{(x - 1)(5x - 3)}{x - 1}$$

$$= \frac{3\sqrt{3}}{2} \lim_{x \to 1} (5x - 3)$$

$$= \frac{3\sqrt{3}}{2} \times 2$$

$$= 3\sqrt{3}$$

답 ④

05-4

두 삼각형 OPQ와 QPR는 닮음이고 $\overline{PQ} = \sqrt{1 - x^2}$이므로

$x : 1 = \sqrt{1 - x^2} : \overline{QR}$에서

$$f(x) = \overline{QR}$$
$$= \frac{\sqrt{1-x^2}}{x}$$

또, 두 삼각형 OPQ와 OQR가 닮음이므로

$x : 1 = 1 : \overline{OR}$에서 $\overline{OR} = \dfrac{1}{x}$이고

$$g(x) = \overline{AR}$$
$$= \frac{1}{x} - 1$$
$$= \frac{1-x}{x}$$

따라서

$$\lim_{x \to 0+} \{f(x) - g(x)\} = \lim_{x \to 0+} \left(\frac{\sqrt{1-x^2}}{x} - \frac{1-x}{x} \right)$$
$$= \lim_{x \to 0+} \frac{\sqrt{1-x^2} - (1-x)}{x}$$
$$= \lim_{x \to 0+} \frac{(1-x^2) - (1-x)^2}{x\{\sqrt{1-x^2} + (1-x)\}}$$
$$= \lim_{x \to 0+} \frac{2x(1-x)}{x\{\sqrt{1-x^2} + (1-x)\}}$$
$$= \lim_{x \to 0+} \frac{2(1-x)}{\sqrt{1-x^2} + (1-x)}$$
$$= \frac{2}{2}$$
$$= 1$$

답 1

06 함수의 연속

수능 유형 체크　　　　　　　　　　　　본문 27쪽

$$\lim_{x \to 0-} f(x) = \lim_{x \to 0-} (x+2) = 2$$
$$\lim_{x \to 0+} f(x) = \lim_{x \to 0+} (-x+a) = a$$

$f(0) = 2$이므로 함수 $f(x)$가 $x=0$에서 불연속이 되려면 $a \neq 2$
이다.　　　　　　　　　　　　　　　　　……㉠

한편,

$$\lim_{x \to 1-} f(x)f(x-1) = \lim_{x \to 1-} f(x) \lim_{t \to 0-} f(t)$$
$$= \lim_{x \to 1-} (-x+a) \lim_{t \to 0-} (t+2)$$
$$= (-1+a) \times 2$$
$$= 2(a-1)$$

$$\lim_{x \to 1+} f(x)f(x-1) = \lim_{x \to 1+} f(x) \lim_{t \to 0+} f(t)$$
$$= \lim_{x \to 1+} (-x+a) \lim_{t \to 0+} (-t+a)$$
$$= (-1+a) \times a$$
$$= a^2 - a$$

$f(1)f(1-1) = f(1)f(0) = (-1+a)(0+2) = 2(a-1)$이므
로 함수 $f(x)f(x-1)$이 $x=1$에서 연속이 되려면

$$2(a-1) = a^2 - a$$

이어야 한다. 즉,

$$a^2 - 3a + 2 = 0$$
$$(a-1)(a-2) = 0$$

$a=1$ 또는 $a=2$

㉠에서 $a \neq 2$이므로 $a = 1$

답 ④

수능의 감을 쑥쑥 키워주는 수능 유제　　　본문 28~29쪽

| 06-1 | ③ | 06-2 | ⑤ | 06-3 | ④ | 06-4 | ⑤ |

06-1

함수 $f(x)$가 실수 전체의 집합에서 연속이려면 $x=2$에서 연속
이어야 하므로 $\lim\limits_{x \to 2} f(x) = f(2)$이어야 한다.

이때

$$\lim_{x \to 2+} f(x) = \lim_{x \to 2+} (ax-3) = 2a-3$$
$$\lim_{x \to 2-} f(x) = \lim_{x \to 2-} (x+1) = 3$$

$f(2)=3$

이므로 함수 $f(x)$가 $x=2$에서 연속이 되려면

$2a-3=3$

따라서 $a=3$

답 ③

06-2

ㄱ. $\lim\limits_{x\to1+}f(x)=1$, $\lim\limits_{x\to-1-}g(x)=1$이므로

$\lim\limits_{x\to1+}f(x)+\lim\limits_{x\to-1-}g(x)=2$ (참)

ㄴ. $p(x)=f(x)g(x)$라 하자.

$\begin{aligned}\lim\limits_{x\to1+}p(x)&=\lim\limits_{x\to1+}f(x)g(x)\\&=\lim\limits_{x\to1+}f(x)\times\lim\limits_{x\to1+}g(x)\\&=1\times1\\&=1\end{aligned}$

$\begin{aligned}\lim\limits_{x\to1-}p(x)&=\lim\limits_{x\to1-}f(x)g(x)\\&=\lim\limits_{x\to1-}f(x)\times\lim\limits_{x\to1-}g(x)\\&=-1\times(-1)\\&=1\end{aligned}$

이므로 $\lim\limits_{x\to1}p(x)=1$

이때 $p(1)=f(1)g(1)=-1\times(-1)=1$이므로

$\lim\limits_{x\to1}p(x)=p(1)$이다.

따라서 함수 $f(x)g(x)$는 $x=1$에서 연속이다. (참)

ㄷ. $q(x)=2f(x)g(x)-1$이라 하자.

두 함수 $f(x)$, $g(x)$가 닫힌구간 $[-1,\ 1]$에서 연속이므로 함수 $q(x)$도 닫힌구간 $[-1,\ 1]$에서 연속이다.

$\begin{aligned}q(-1)&=2f(-1)g(-1)-1\\&=2\times1\times(-1)-1\\&=-3<0\end{aligned}$

$\begin{aligned}q(1)&=2f(1)g(1)-1\\&=2\times(-1)\times(-1)-1\\&=1>0\end{aligned}$

이므로 사잇값 정리에 의하여 $q(x)=0$인 x가 구간 $(-1,\ 1)$에 적어도 하나 존재한다.

즉, 방정식 $2f(x)g(x)-1=0$은 구간 $(-1,\ 1)$에서 실근을 갖는다. (참)

따라서 옳은 것은 ㄱ, ㄴ, ㄷ이다.

답 ⑤

06-3

$h(x)=f(x)g(x-k)$라 하자.

함수 $h(x)$가 $x=-1$에서 연속이 되려면

$\lim\limits_{x\to-1}h(x)=h(-1)$이어야 한다.

이때

$\begin{aligned}\lim\limits_{x\to-1+}h(x)&=\lim\limits_{x\to-1+}f(x)g(x-k)\\&=\lim\limits_{x\to-1+}(x^2-2)\times\lim\limits_{x\to-1+}(x-k+2)\\&=-1\times(1-k)\\&=k-1\end{aligned}$

$\begin{aligned}\lim\limits_{x\to-1-}h(x)&=\lim\limits_{x\to-1-}f(x)g(x-k)\\&=\lim\limits_{x\to-1-}1\times\lim\limits_{x\to-1-}(x-k+2)\\&=1\times(1-k)\\&=1-k\end{aligned}$

$\begin{aligned}h(-1)&=f(-1)g(-1-k)\\&=1\times(1-k)\\&=1-k\end{aligned}$

이므로 함수 $h(x)$가 $x=-1$에서 연속이 되려면

$k-1=1-k$

즉, $k=1$이어야 하므로

$a=1$

한편, 함수 $h(x)$가 $x=1$에서 연속이 되려면

$\lim\limits_{x\to1}h(x)=h(1)$이어야 한다.

이때

$\begin{aligned}\lim\limits_{x\to1+}h(x)&=\lim\limits_{x\to1+}f(x)g(x-k)\\&=\lim\limits_{x\to1+}1\times\lim\limits_{x\to1+}(x-k+2)\\&=1\times(3-k)=3-k\end{aligned}$

$\begin{aligned}\lim\limits_{x\to1-}h(x)&=\lim\limits_{x\to1-}f(x)g(x-k)\\&=\lim\limits_{x\to1-}(x^2-2)\times\lim\limits_{x\to1-}(x-k+2)\\&=-1\times(3-k)\\&=k-3\end{aligned}$

$\begin{aligned}h(1)&=f(1)g(1-k)\\&=1\times(3-k)\\&=3-k\end{aligned}$

이므로 함수 $h(x)$가 $x=1$에서 연속이 되려면

$k-3=3-k$

즉, $k=3$이어야 하므로

$b=3$

따라서 $a+b=1+3=4$

답 ④

06-4

두 함수 $y=f(x)$, $y=g(x)$의 그래프는 그림과 같다.

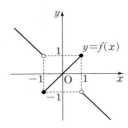

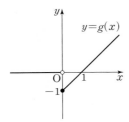

ㄱ. $y=|f(x)|$의 그래프는 $y=f(x)$의 그래프 중 x축의 윗부분은 그대로 두고 x축의 아랫부분을 x축에 대하여 대칭이동한 그래프이므로 그림과 같다.

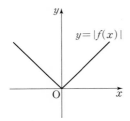

따라서 함수 $|f(x)|$는 실수 전체의 집합에서 연속이다. (참)

ㄴ. $y=f(-x)$의 그래프는 $y=f(x)$의 그래프를 y축에 대하여 대칭이동한 그래프이므로 그림과 같다.

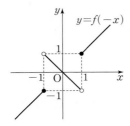

따라서 $h(x)=f(x)+f(-x)$의 그래프는 다음 그림과 같다.

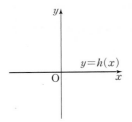

$$\lim_{x\to 1-0} h(x)=\lim_{x\to 1+0} h(x)=0$$

즉, $\lim_{x\to 1} h(x)=0$

한편, $h(1)=0$이므로 $\lim_{x\to 1} h(x)=h(1)$

따라서 함수 $h(x)=f(x)+f(-x)$는 $x=1$에 대하여 연속이다. (참)

ㄷ. $y=g(|x|)$의 그래프는 $x\geq 0$일 때 $y=g(x)$의 그래프를 그린 후 이 그래프를 y축에 대하여 대칭이동한 그래프이므로 그림과 같이 함수 $g(|x|)$는 모든 실수 x에서 연속이다.

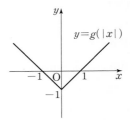

따라서 함수 $f(x)g(|x|)$가 모든 실수 x에서 연속이려면 함수 $f(x)$가 불연속인 $x=-1$과 $x=1$에서 연속인지를 조사하면 된다.

$$\lim_{x\to -1} f(x)g(|x|)=0$$

$f(-1)g(|-1|)=f(-1)g(1)=(-1)\times 0=0$

$$\lim_{x\to 1} f(x)g(|x|)=0$$

$f(1)g(|1|)=f(1)g(1)=1\times 0=0$

그러므로 함수 $f(x)g(|x|)$가 $x=-1$과 $x=1$에서 연속이므로 함수 $f(x)g(|x|)$는 실수 전체의 집합에서 연속이다. (참)

따라서 옳은 것은 ㄱ, ㄴ, ㄷ이다.

답 ⑤

07 미분계수와 도함수

수능 유형 체크 본문 31쪽

$x<-1$일 때, $f(x)=(x+1)(x^2-4)$

$x>-1$일 때, $f(x)=x^2+ax+b$

이므로 $x\neq-1$일 때 함수 $f(x)$는 미분가능하다.

따라서 $f(x)$가 모든 실수 x에서 미분가능하려면 $x=-1$에서 미분가능하면 된다.

(i) 함수 $f(x)$가 $x=-1$에서 연속이어야 하므로

$$\lim_{x\to-1-}f(x)=\lim_{x\to-1+}f(x)=f(-1)$$

즉, $0=1-a+b$에서 $b=a-1$ ...... ㉠

(ii) 미분계수 $f'(-1)$이 존재해야 하므로

$$\lim_{x\to-1-}\frac{f(x)-f(-1)}{x-(-1)}$$

$$=\lim_{x\to-1-}\frac{(x+1)(x^2-4)-(1-a+b)}{x+1}$$

$$=\lim_{x\to-1-}\frac{(x+1)(x^2-4)-0}{x+1}$$

$$=\lim_{x\to-1-}(x^2-4)$$

$$=-3$$

$$\lim_{x\to-1+}\frac{f(x)-f(-1)}{x-(-1)}$$

$$=\lim_{x\to-1+}\frac{x^2+ax+b-(1-a+b)}{x+1}$$

$$=\lim_{x\to-1+}\frac{(x+1)(x-1)+a(x+1)}{x+1}$$

$$=\lim_{x\to-1+}\{(x-1)+a\}$$

$$=-2+a$$

에서 $-3=-2+a$, $a=-1$

이 값을 ㉠에 대입하면 $b=-2$

따라서 $a+b=-3$

탑 ⑤

07-1

$$\lim_{x\to1}\frac{f(x+1)}{x-1}=-1 \qquad\cdots\cdots ㉠$$

에서 $x\to1$일 때, (분모)$\to0$이고 극한값이 존재하므로 (분자)$\to0$이어야 한다.

즉, $\lim_{x\to1}f(x+1)=0$이어야 하므로 $f(2)=0$

㉠에서 $x+1=t$로 놓으면

$$\lim_{t\to2}\frac{f(t)-f(2)}{t-2}=f'(2)=-1$$

따라서

$$\lim_{x\to2}\frac{\{f(x)\}^2-4f(x)}{x-2}$$

$$=\lim_{x\to2}\frac{f(x)\{f(x)-4\}}{x-2}$$

$$=\lim_{x\to2}\frac{f(x)-f(2)}{x-2}\times\lim_{x\to2}\{f(x)-4\}$$

$$=f'(2)\times\{f(2)-4\}$$

$$=(-1)\times(0-4)$$

$$=4$$

탑 ②

07-2

$\lim_{x\to2}\dfrac{f(x)-2}{x-2}=3$에서 $x\to2$일 때 (분모)$\to0$이고 극한값이 존재하므로 (분자)$\to0$이어야 한다.

즉, $\lim_{x\to2}\{f(x)-2\}=f(2)-2=0$

$f(2)=2$

따라서

$$\lim_{x\to2}\frac{f(x)-2}{x-2}=\lim_{x\to2}\frac{f(x)-f(2)}{x-2}=f'(2)$$이므로

$f'(2)=3$

$g(x)=(x^2+x)f(x)$에서

$g'(x)=(2x+1)f(x)+(x^2+x)f'(x)$

따라서

$$g'(2)=5f(2)+6f'(2)$$

$$=5\times2+6\times3$$

$$=28$$

탑 ⑤

07-3

(i) 함수 $g(x)$가 $x=1$에서 연속이어야 하므로
$$\lim_{x \to 1-} g(x) = \lim_{x \to 1+} g(x) = g(1)$$
즉,
$$\lim_{x \to 1-} f(x) = \lim_{x \to 1+} \{-f(x)+b\} = -f(1)+b$$
이차함수 $f(x)$는 $x=1$에서 연속이므로 위의 식에서
$$f(1) = -f(1)+b$$
$$a+3 = -a-3+b$$
$$2a-b = -6 \qquad \cdots\cdots \text{㉠}$$

(ii) 미분계수 $g'(1)$이 존재해야 하므로
$$\lim_{x \to 1-} \frac{g(x)-g(1)}{x-1}$$
$$= \lim_{x \to 1-} \frac{f(x)-\{-f(1)+b\}}{x-1}$$
$$= \lim_{x \to 1-} \frac{f(x)-f(1)}{x-1}$$
$$= f'(1) = 2+a$$
$$\lim_{x \to 1+} \frac{g(x)-g(1)}{x-1}$$
$$= \lim_{x \to 1+} \frac{-f(x)+b-\{-f(1)+b\}}{x-1}$$
$$= -\lim_{x \to 1+} \frac{f(x)-f(1)}{x-1}$$
$$= -f'(1) = -2-a$$
에서 $2+a = -2-a$, $a=-2$
이 값을 ㉠에 대입하면
$$b=2$$
따라서 $f(x) = x^2-2x+2$이므로
$$g(3) = -f(3)+2$$
$$= -(9-2\times3+2)+2$$
$$= -3$$

답 ④

07-4

$$\lim_{x \to 2} \frac{f(x^2)-f(4)}{f(x)-f(2)}$$
$$= \lim_{x \to 2} \left\{ \frac{f(x^2)-f(4)}{x^2-4} \times \frac{x^2-4}{f(x)-f(2)} \right\}$$
$$= \lim_{x \to 2} \left\{ \frac{f(x^2)-f(4)}{x^2-4} \times \frac{(x+2)(x-2)}{f(x)-f(2)} \right\}$$
$$= f'(4) \times \frac{4}{f'(2)} \qquad \cdots\cdots \text{㉠}$$
한편, 조건 (가)에서 함수 $y=f(x)$의 그래프는 y축에 대하여 대칭이므로 함수 $f(x)$는 모든 실수 x에 대하여 $f(-x)=f(x)$가 성립한다.
조건 (나)에서 $f'(-2)=2$, $f'(-4)=-3$이므로
$$f'(2) = \lim_{h \to 0} \frac{f(2+h)-f(2)}{h}$$
$$= \lim_{h \to 0} \left\{ \frac{f(-2-h)-f(-2)}{-h} \times (-1) \right\}$$
$$= -f'(-2)$$
$$= -2$$
$$f'(4) = \lim_{h \to 0} \frac{f(4+h)-f(4)}{h}$$
$$= \lim_{h \to 0} \left\{ \frac{f(-4-h)-f(-4)}{-h} \times (-1) \right\}$$
$$= -f'(-4)$$
$$= -(-3)$$
$$= 3$$
따라서 ㉠에서
$$f'(4) \times \frac{4}{f'(2)} = 3 \times \frac{4}{-2}$$
$$= -6$$

답 ④

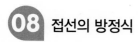

08 접선의 방정식

$y=x^2$에서 $y'=2x$

곡선 $y=x^2$ 위의 점 (t, t^2)에서의 접선의 방정식은

$y-t^2=2t(x-t)$

$y=2tx-t^2$ ...... ㉠

점 $P(a, b)$는 직선 $y=x-2$ 위의 점이므로

$b=a-2$이고, 직선 ㉠은 점 $(a, a-2)$를 지나므로

$a-2=2ta-t^2$

$t^2-2at+a-2=0$

t에 대한 이 이차방정식의 두 근을 α, β로 놓으면 근과 계수의 관계에 의하여

$\alpha+\beta=2a$

직선 AB의 기울기가 3이므로

$\dfrac{\beta^2-\alpha^2}{\beta-\alpha}=\beta+\alpha=2a=3$

$a=\dfrac{3}{2}$

따라서

$a+b=a+(a-2)$

$\qquad =2a-2$

$\qquad =2\times\dfrac{3}{2}-2$

$\qquad =1$

답 ②

08-1	⑤	08-2	③	08-3	②	08-4	①

08-1

이차함수 $f(x)=x^2+ax+b$의 그래프가

x축과 두 점 $A(\alpha, 0)$, $B(\beta, 0)$ $(\alpha<\beta)$에서 만나므로

$f(x)=(x-\alpha)(x-\beta)$라 하자.

$f'(x)=(x-\beta)+(x-\alpha)$

따라서 곡선 $y=f(x)$ 위의 점 $B(\beta, 0)$에서의 접선의 기울기는 $f'(\beta)$이므로

$f'(\beta)=\beta-\alpha=5$

답 ⑤

08-2

$y=x^2-2x$에서 $y'=2x-2$이므로

곡선 $y=x^2-2x$ 위의 점 $P(t, t^2-2t)$에서의 접선의 방정식은

$y-(t^2-2t)=(2t-2)(x-t)$

$(2t-2)x-y-t^2=0$

이 접선과 원점 O 사이의 거리 $f(t)$는

$f(t)=\dfrac{|-t^2|}{\sqrt{(2t-2)^2+(-1)^2}}$

$\qquad =\dfrac{t^2}{\sqrt{4t^2-8t+5}}$

따라서

$\displaystyle\lim_{t\to\infty}\dfrac{f(t)}{t}=\lim_{t\to\infty}\dfrac{t^2}{t\sqrt{4t^2-8t+5}}$

$\qquad =\lim_{t\to\infty}\dfrac{t}{\sqrt{4t^2-8t+5}}$

$\qquad =\lim_{t\to\infty}\dfrac{1}{\sqrt{4-\dfrac{8}{t}+\dfrac{5}{t^2}}}$

$\qquad =\dfrac{1}{2}$

답 ③

08-3

$y=x^3+ax^2-2x+5$에서 $y'=3x^2+2ax-2$

구하는 접선의 기울기는 m이므로

두 점 A, B의 x좌표는 이차방정식

$3x^2+2ax-2=m$

즉, $3x^2+2ax-2-m=0$의 두 근이므로

이차방정식의 근과 계수의 관계에 의하여

$-\dfrac{2a}{3}=-4$, $\dfrac{-2-m}{3}=3$

$2a=12$, $-2-m=9$

따라서 $a=6$, $m=-11$이므로

$a+m=6+(-11)$

$\qquad =-5$

답 ②

08-4

$\lim\limits_{x \to 2} \dfrac{f(x)-1}{x-2}=3$에서 $x \to 2$일 때, (분모)$\to 0$이고 극한값이

존재하므로 (분자)$\to 0$이어야 한다.

즉, $\lim\limits_{x \to 2}\{f(x)-1\}=f(2)-1=0$이므로

$f(2)=1$

한편,

$\begin{aligned} f'(2) &=\lim\limits_{x \to 2}\dfrac{f(x)-f(2)}{x-2} \\ &=\lim\limits_{x \to 2}\dfrac{f(x)-1}{x-2}=3 \end{aligned}$

이고, $y=xf(x)$에서 $y'=f(x)+xf'(x)$이므로

곡선 $y=xf(x)$ 위의 $x=2$인 점에서의 접선의 기울기는

$\begin{aligned} f(2)+2 \times f'(2) &=1+2 \times 3 \\ &=7 \end{aligned}$

구하는 접선의 방정식은

$y-2f(2)=7(x-2)$

$y=7x-14+2 \times 1$

$\quad =7x-12$

따라서 $a=7$, $b=-12$이므로

$a+b=-5$

답 ①

---

09 함수의 극대, 극소

$f(x)=2x^3+(a-2)x^2+(a-2)x+5$에서

$f'(x)=6x^2+2(a-2)x+(a-2)$

$f(x)$가 극값을 갖지 않으려면 방정식 $f'(x)=0$이 허근을 갖거나 중근을 가져야 한다.

즉, 방정식 $f'(x)=0$의 판별식을 D라 하면

$\dfrac{D}{4}=(a-2)^2-6(a-2) \le 0$

$(a-2)(a-8) \le 0$

$2 \le a \le 8$

따라서 구하는 모든 정수 a의 값의 합은

$2+3+4+\cdots+8=\dfrac{7(2+8)}{2}$

$\qquad\qquad\qquad\quad =35$

답 ④

| 09-1 | ① | 09-2 | ④ | 09-3 | ① | 09-4 | ③ |

09-1

$f(x)=x^3-\dfrac{3}{2}x^2-6x+a$에서

$f'(x)=3x^2-3x-6=3(x+1)(x-2)$

$f'(x)=0$에서 $x=-1$ 또는 $x=2$

함수 $f(x)$의 증가와 감소를 표로 나타내면 다음과 같다.

x	$\cdots$	-1	$\cdots$	2	$\cdots$
$f'(x)$	$+$	0	$-$	0	$+$
$f(x)$	↗	극대	↘	극소	↗

따라서 함수 $f(x)$는 $x=-1$에서 극댓값 $\dfrac{3}{2}$을 가지므로

$f(-1)=-1-\dfrac{3}{2}+6+a=\dfrac{3}{2}$

$a=-2$

또한, 함수 $f(x)$는 $x=2$에서 극솟값 b를 가지므로

$b=f(2)=8-6-12+a$

$\quad=-10-2$

$\quad=-12$

따라서

$a+b=-2+(-12)$

$\quad\quad=-14$

달 ①

09-2

조건 (가)에 의해 사차함수 $f(x)$의 그래프는 y축에 대하여 대칭이므로

$f(x)=x^4+ax^2+b$ (a, b는 상수)

라 하자.

$f'(x)=4x^3+2ax$

조건 (나)에 의해

$f'(1)=0$, $f(1)=-2$

이므로

$f'(1)=4+2a=0$

$f(1)=1+a+b=-2$

즉, $a=-2$, $b=-1$

따라서 $f(x)=x^4-2x^2-1$이므로

$f(2)=16-8-1=7$

달 ④

09-3

$(x-b)f'(x)=0$에서 $x=a$ 또는 $x=b$ 또는 $x=d$

함수 $g(x)=(x-b)f'(x)$의 그래프에서

(i) $x<a$일 때, $(x-b)f'(x)>0$이고 $x-b<0$이므로

$\quad f'(x)<0$

$\quad$ 따라서 $f(x)$는 감소한다.

(ii) $a<x<b$일 때, $(x-b)f'(x)<0$이고 $x-b<0$이므로

$\quad f'(x)>0$

$\quad$ 따라서 $f(x)$는 증가한다.

(iii) $b<x<d$일 때, $(x-b)f'(x)>0$이고 $x-b>0$이므로

$\quad f'(x)>0$

$\quad$ 따라서 $f(x)$는 증가한다.

(iv) $x>d$일 때, $(x-b)f'(x)>0$이고 $x-b>0$이므로

$\quad f'(x)>0$

$\quad$ 따라서 $f(x)$는 증가한다.

함수 $f(x)$의 증가와 감소를 표로 나타내면 다음과 같다.

x	$\cdots$	a	$\cdots$	b	$\cdots$	d	$\cdots$
$f'(x)$	$-$	0	$+$		$+$	0	$+$
$f(x)$	↘	극소	↗		↗		↗

ㄱ. $f(x)$는 열린구간 $(a,\,b)$에서 증가한다. (참)

ㄴ. $f(x)$는 $x=b$에서 극솟값을 가지지 않는다. (거짓)

ㄷ. $f(x)$는 $x=0$, $x=d$에서 모두 극솟값을 가지지 않는다.

(거짓)

따라서 옳은 것은 ㄱ이다.

달 ①

09-4

$f(x)=x^3+3x^2-9x+a$에서

$f'(x)=3x^2+6x-9=3(x^2+2x-3)=3(x+3)(x-1)$

$f'(x)=0$에서 $x=-3$ 또는 $x=1$

함수 $f(x)$의 증가와 감소를 표로 나타내면 다음과 같다.

x	$\cdots$	-3	$\cdots$	1	$\cdots$
$f'(x)$	$+$	0	$-$	0	$+$
$f(x)$	↗	극대	↘	극소	↗

즉, 함수 $f(x)$는 $x=-3$일 때 극댓값 $f(-3)=a+27$, $x=1$일 때 극솟값 $f(1)=a-5$를 갖는다.

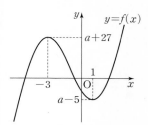

함수 $g(x)=|f(x)|$가 $x=\alpha$, $x=\beta$ ($\alpha<\beta$)에서 극댓값을 가지려면 $a+27>0$이고 $a-5<0$이어야 한다.

따라서 $-27<a<5$

······ ㉠

(ⅰ) $a+27>-(a-5)$일 때

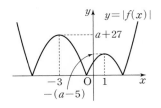

(ⅱ) $a+27<-(a-5)$일 때

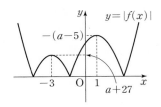

(ⅰ), (ⅱ)에서 $g(\alpha)=f(-3)=a+27$이고
$g(\beta)=-f(1)=-a+5$이므로
$$|g(\alpha)-g(\beta)|=|a+27+a-5|$$
$$=|2a+22|>12$$
이때 $2a+22>12$에서 $a>-5$이므로 ㉠과 공통 범위는
$-5<a<5$
또한, $2a+22<-12$에서 $a<-17$이므로 ㉠과 공통 범위는
$-27<a<-17$
따라서 정수 a는 -4, -3, $\cdots$, 3, 4의 9개와 -26, -25, $\cdots$,
-18의 9개이므로 모두 18개이다.

답 ③

10 함수의 최대, 최소

수능 유형 체크   본문 43쪽

$P(t, f(t))$이므로 $Q(t, 0)$, $R(0, f(t))$
직사각형 OQPR의 넓이를 $g(t)$ $(0<t<2)$라 하면
$$g(t)=t\times f(t)=-t^4+4t^2$$
$$g'(t)=-4t^3+8t=-4t(t+\sqrt{2})(t-\sqrt{2})$$
$g'(t)=0$에서 $t=0$ 또는 $t=-\sqrt{2}$ 또는 $t=\sqrt{2}$
$0<t<2$에서 함수 $g(t)$의 증가와 감소를 표로 나타내면 다음
과 같다.

t	(0)	$\cdots$	$\sqrt{2}$	$\cdots$	(2)
$g'(t)$		$+$	0	$-$	
$g(t)$	(0)	↗	극대	↘	(0)

따라서 함수 $g(t)$의 최댓값은
$$g(\sqrt{2})=-4+8$$
$$=4$$

답 ③

수능의 감을 쑥쑥 키워주는 수능 유제   본문 44~45쪽

| 10-1 | ③ | 10-2 | ③ | 10-3 | 24 | 10-4 | ① |

10-1

$f(x)=x^4+2ax+b$에서
$f'(x)=4x^3+2a$
$f'(-1)=0$에서 $-4+2a=0$
$a=2$
따라서 $f(x)=x^4+4x+b$이고
$f'(x)=4x^3+4=4(x+1)(x^2-x+1)=0$에서
함수 $f(x)$의 증가와 감소를 조사하면 $f(x)$는 $x=-1$일 때
최소이다.
즉, $f(-1)=1-4+b=5$에서
$b=8$
따라서
$a+b=2+8=10$

답 ③

10-2

사차함수 $y=f(x)$의 도함수 $y=f'(x)$는 삼차함수이다.

조건 (가)에 의해 도함수 $y=f'(x)$의 그래프는 원점에 대하여 대칭이고, $f'(0)=0$이다.

조건 (나)에서 $f'(a)=0$이므로 $f'(-a)=0$이다.

조건 (다)에서 구간 $[0, b]$에서 함수 $f'(x)$의 최댓값은 $f'(c)$이므로 도함수 $y=f'(x)$의 그래프의 개형은 다음과 같다.

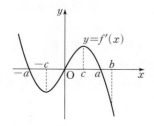

방정식 $f'(x)=0$의 해는 위의 그래프에서

$x=-a$ 또는 $x=0$ 또는 $x=a$

이므로 사차함수 $f(x)$의 증가와 감소를 표로 나타내면 다음과 같다.

x	$\cdots$	$-a$	$\cdots$	0	$\cdots$	a	$\cdots$
$f'(x)$	$+$	0	$-$	0	$+$	0	$-$
$f(x)$	↗	극대	↘	극소	↗	극대	↘

따라서 닫힌구간 $[-a, a]$에서 함수 $f(x)$는 $x=0$일 때, 극소인 동시에 최소이므로 $f(x)$의 최솟값은 $f(0)$이다.

답 ③

10-3

곡선 $f(x)=-x^2+8x$와 직선 $y=mx$의 교점의 x좌표는

$-x^2+8x=mx$에서 $x(x+m-8)=0$

$x=0$ 또는 $x=-m+8$

따라서 점 P의 좌표는

$P(-m+8, -m^2+8m)$

삼각형 POQ의 넓이를 $g(m)$이라 하면

$g(m)=\dfrac{1}{2}(-m+8)(-m^2+8m)$

$\quad\quad=\dfrac{1}{2}(m^3-16m^2+64m)$

$g'(m)=\dfrac{1}{2}(3m^2-32m+64)$

$\quad\quad=\dfrac{1}{2}(3m-8)(m-8)=0$

$m=\dfrac{8}{3}$ 또는 $m=8$

$0<m<8$에서 $g(m)$의 증가와 감소를 표로 나타내면 다음과 같다.

m	(0)	$\cdots$	$\dfrac{8}{3}$	$\cdots$	(8)
$g'(m)$		$+$	0	$-$	
$g(m)$		↗	극대	↘	

$g(m)$은 $m=\dfrac{8}{3}$일 때, 극대이면서 최대가 되므로

$k=\dfrac{8}{3}$

따라서 $9k=9\times\dfrac{8}{3}=24$

답 24

10-4

$f(x)=-x^3+\dfrac{3}{2}ax^2-a^2$에서

$f'(x)=-3x^2+3ax$

$\quad\quad=-3x(x-a)$

$f'(x)=0$에서

$x=0$ 또는 $x=a$

(i) $0<a\leq2$일 때, 함수 $f(x)$의 증가와 감소를 표로 나타내면 다음과 같다.

x	0	$\cdots$	a	$\cdots$	2
$f'(x)$		$+$	0	$-$	
$f(x)$		↗	극대	↘	

따라서 닫힌구간 $[0, 2]$에서 함수 $f(x)$의 최댓값 $g(a)$는

$g(a)=f(a)$

$\quad\quad=-a^3+\dfrac{3}{2}a^3-a^2$

$\quad\quad=\dfrac{a^3}{2}-a^2$

(ii) $a>2$일 때, 함수 $f(x)$의 증가와 감소를 표로 나타내면 다음과 같다.

x	0	$\cdots$	2	$\cdots$	(a)
$f'(x)$		$+$	$+$	$+$	0	$-$
$f(x)$		$\nearrow$	$\nearrow$	$\nearrow$	극대	$\searrow$

따라서 닫힌구간 $[0, 2]$에서 함수 $f(x)$의 최댓값 $g(a)$는
$g(a)=f(2)=-a^2+6a-8$

(i), (ii)에서

$$g(a)=\begin{cases} \dfrac{a^3}{2}-a^2 & (0<a\le 2) \\ -a^2+6a-8 & (a>2) \end{cases}$$

$$g'(a)=\begin{cases} \dfrac{3}{2}a^2-2a & (0<a\le 2) \\ -2a+6 & (a>2) \end{cases}$$

$g'(a)=0$에서 $a=\dfrac{4}{3}$ 또는 $a=3$

함수 $g(a)$의 증가와 감소를 표로 나타내면 다음과 같다.

a	(0)	$\cdots$	$\dfrac{4}{3}$	$\cdots$	3	
$g'(a)$		$-$		$+$	0	$-$
$g(a)$	(0)	$\searrow$	극소	$\nearrow$	극대	$\searrow$

따라서 함수 $g(a)$는 $a=3$일 때 최댓값
$g(3)=-3^2+18-8=1$
을 갖는다.

답 ①

11 도함수의 방정식과 부등식에의 활용

조건 (가)에서 $f'(-2)=f'(3)=0$이므로
$f(x)$는 $x=-2$와 $x=3$에서 극값을 갖는다.
조건 (나)에서 $f(-2)f(3)<0$이므로
방정식 $f(x)=0$은 서로 다른 세 실근 α, β, γ를 가지며 α, β, γ는 -2, 3과는 다른 값이다.
따라서 방정식 $f(x)f'(x)=0$의 근은
$f(x)=0$ 또는 $f'(x)=0$
의 근이므로 서로 다른 실근은 α, β, γ, -2, 3의 5개이다.

답 ③

11-1

$x^3-9x-a=3x-5$에서
$x^3-12x+5=a$
$f(x)=x^3-12x+5$로 놓으면
$f'(x)=3x^2-12$
$\qquad =3(x^2-4)$
$\qquad =3(x+2)(x-2)$
$f'(x)=0$에서 $x=-2$ 또는 $x=2$
함수 $f(x)$의 증가와 감소를 표로 나타내면 다음과 같다.

x	$\cdots$	-2	$\cdots$	2	$\cdots$
$f'(x)$	$+$	0	$-$	0	$+$
$f(x)$	$\nearrow$	21	$\searrow$	-11	$\nearrow$

즉, $y=f(x)$의 그래프는 그림과 같다.

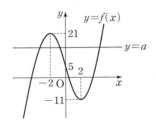

따라서 방정식 $f(x)=a$가 서로 다른 두 개의 음의 근과 한 개의 양의 근을 가지려면 $5<a<21$이어야 하므로 조건을 만족시키는 정수 a는 $6, 7, 8, \cdots, 20$의 15개이다.

답 ②

11-2

$f(x)=x^3-9x^2+15x+a$로 놓으면

$f'(x)=3x^2-18x+15=3(x-1)(x-5)$

$f'(x)=0$에서 $x=1$ 또는 $x=5$

$x\geq0$에서 $f(x)$의 증가와 감소를 표로 나타내면 다음과 같다.

x	0	$\cdots$	1	$\cdots$	5	$\cdots$
$f'(x)$		$+$	0	$-$	0	$+$
$f(x)$	a	↗	$a+7$	↘	$a-25$	↗

$x\geq0$에서 함수 $f(x)$는 $x=5$에서 극소이면서 최소이므로 모든 실수 x에 대하여 부등식 $f(x)\geq0$이 성립하려면

$f(5)=a-25\geq0$

$a\geq25$

이어야 한다.

따라서 실수 a의 최솟값은 25이다.

답 ③

11-3

$f'(\alpha)=f'(\beta)=0$이고 삼차함수 $f(x)$의 최고차항의 계수가 양수이므로 $f(x)$는 $x=\alpha$에서 극댓값, $x=\beta$에서 극솟값을 갖는다.

따라서 $f(\alpha)>f(\beta)$이고 함수 $y=f(x)$의 그래프의 개형은 다음 그림과 같다.

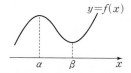

ㄱ. $f(x)$가 $x=\alpha$에서 극댓값을 가지므로 $x<\alpha$에서

  $f(x)<f(\alpha)$이고 $f(0)=0$이므로 $\alpha>0$이면 $f(\alpha)>0$이다.

  (참)

ㄴ. $\alpha\beta<0$이면 $\alpha<0<\beta$이다.

  $f(\alpha)>f(\beta)$이고 $f(0)=0$이므로

  $f(\alpha)>0$, $f(\beta)<0$이다.

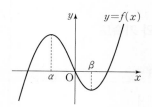

그러므로 $f(\alpha)f(\beta)<0$ (참)

ㄷ. [반례] $\alpha\beta>0$이면 $\alpha>0$, $\beta>0$인 경우에 $y=f(x)$의 그래프가 다음 그림과 같이 $f(\alpha)f(\beta)<0$인 경우가 있을 수 있다. 그러므로 항상 $f(\alpha)f(\beta)>0$인 것은 아니다. (거짓)

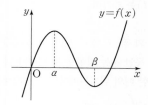

따라서 옳은 것은 ㄱ, ㄴ이다.

답 ③

11-4

ㄱ. 모든 실수 x에 대하여 $F'(x)<0$이므로 함수 $F(x)$는 실수 전체의 집합에서 감소한다. 따라서 함수 $F(x)$는 일대일 대응이므로 역함수를 갖는다. (참)

ㄴ. 모든 실수 x에 대하여 $F'(x)<0$이므로 함수 $F(x)$는 실수 전체의 집합에서 감소하고 $F(1)=0$이므로 $x>1$일 때 $F(x)<0$, $x<1$일 때 $F(x)>0$이다. (거짓)

  |참고| [반례] $f(x)=3-3x$, $g(x)=1-x$라 하면

  $f'(x)=-3$, $g'(x)=-1$이다.

  $F(1)=f(1)-g(1)=0-0=0$

  이고 모든 실수 x에 대하여

  $F'(x)=-3-(-1)=-2<0$

  이 성립하지만

  $x=0$일 때 $f(0)=3$, $g(0)=1$이므로

  $F(0)=3-1=2>0$이다. (거짓)

ㄷ. ㄴ에 의해 방정식 $F(x)=0$은 오직 한 개의 실근 $x=1$을 갖는다. (참)

따라서 옳은 것은 ㄱ, ㄷ이다.

답 ④

12 속도와 가속도

주어진 그래프에서

$0 < t < a$에서 $f(t)$는 증가하므로

$f'(t) > 0$

$a < t < c$에서 $f(t)$는 감소하므로

$f'(t) < 0$

$c < t < e$에서 $f(t)$는 증가하므로

$f'(t) > 0$

ㄱ. $t=a$와 $t=c$의 좌, 우에서 $f'(t)$의 부호가 바뀌므로 점 P는 움직이는 동안 운동 방향을 두 번 바꾼다. (참)

ㄴ. 원점을 통과할 때의 위치는 0이므로 $f(t)=0$에서

$t=b$ 또는 $t=d$

이다. 따라서 처음으로 원점을 통과할 때의 속도는 $f'(b)$이다. (참)

ㄷ. $0 < t < a$일 때와 $c < t < e$일 때 $f'(t) > 0$이므로 점 P는 두 구간에서 양의 방향으로 움직인다. (참)

따라서 옳은 것은 ㄱ, ㄴ, ㄷ이다.

답 ⑤

12-1	①	12-2	④	12-3	④	12-4	⑤

12-1

$x=t^3-7t^2+8t+4$이므로 시각 t에서의 점 P의 속도를 v라 하면

$v=\dfrac{dx}{dt}=3t^2-14t+8$

$3t^2-14t+8=0$에서

$(3t-2)(t-4)=0$

$t=\dfrac{2}{3}$ 또는 $t=4$

따라서 $0 < t < \dfrac{2}{3}$일 때 $v > 0$이고, $\dfrac{2}{3} < t < 4$일 때 $v < 0$이므로

점 P가 처음으로 방향을 바꾸는 순간은 $t=\dfrac{2}{3}$일 때이다.

시각 t에서의 점 P의 가속도를 a라 하면

$a=\dfrac{dv}{dt}=6t-14$

따라서 $t=\dfrac{2}{3}$일 때, 점 P의 가속도는

$6 \times \dfrac{2}{3} - 14 = 4 - 14 = -10$

답 ①

12-2

$f(t)=2t^2-8t+5$, $g(t)=-t^2+4t+8$에서

두 점 P, Q의 시각 t에서의 속도를 각각 v_P, v_Q라 하면

$v_P=4t-8$, $v_Q=-2t+4$

두 점 P, Q의 속도가 같아지는 시각은

$4t-8=-2t+4$

$6t=12$

$t=2$

$t=2$일 때, 두 점 P, Q의 위치는 각각

$f(2)=8-16+5=-3$

$g(2)=-4+8+8=12$

따라서 두 점 P, Q 사이의 거리는

$|12-(-3)|=15$

답 ④

12-3

$x=t^3+at^2+bt+4$이므로 시각 t에서의 점 P의 속도를 v라 하면

$v=\dfrac{dx}{dt}=3t^2+2at+b$

점 P는 $t=3$에서 운동 방향을 바꾸므로 $v=0$

즉, $27+6a+b=0$

$6a+b=-27$ ⋯⋯ ㉠

또한 $t=3$에서 점 P의 위치는 -5이므로

$27+9a+3b+4=-5$

$3a+b=-12$ ⋯⋯ ㉡

㉠, ㉡에서

$a=-5$, $b=3$

따라서 $v=3t^2-10t+3$이고 시각 t에서의 점 P의 가속도를 a라 하면

$a=\dfrac{dv}{dt}=6t-10$

이므로 $t=4$에서 점 P의 가속도는

$6 \times 4 - 10 = 14$

답 ④

12-4

시각 t에서의 두 점 P, Q의 위치가 각각

$f(t)=t^2-8t+2$

$g(t)=t^3-2t^2$

이므로 두 점 P, Q의 속도를 각각 $v_P(t)$, $v_Q(t)$라 하면

$v_P(t)=2t-8$

   $=2(t-4)$

$v_Q(t)=3t^2-4t$

   $=t(3t-4)$

ㄱ. $t=1$일 때

   $v_P(1)=2\times(1-4)=-6$ (참)

ㄴ. $v_Q(t)=t(3t-4)=0$에서 $t>0$이므로

   $t=\dfrac{4}{3}$

   즉, $t=\dfrac{4}{3}$의 좌우에서 v_Q의 부호가 바뀌므로 점 Q는 운동 방향을 한 번 바꾼다. (참)

ㄷ. $t>0$에서 두 점 P, Q가 서로 반대 방향으로 움직이려면 $v_P(t)v_Q(t)<0$이어야 한다.

   즉, $v_P(t)v_Q(t)=2t(t-4)(3t-4)<0$ ……㉠

   $h(t)=2t(t-4)(3t-4)$라 하면 함수 $h(t)$의 그래프의 개형은 다음 그림과 같으므로 $t>0$에서 부등식 ㉠의 해는 $\dfrac{4}{3}<t<4$이다.

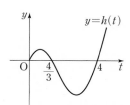

   그러므로 $t>0$에서 두 점 P, Q가 반대 방향으로 움직이는 시간은 $4-\dfrac{4}{3}=\dfrac{8}{3}$이다. (참)

따라서 옳은 것은 ㄱ, ㄴ, ㄷ이다.

답 ⑤

---

13 부정적분

수능 유형 체크 본문 55쪽

삼차함수 $f(x)$가 $x=-1$에서 극댓값 1, $x=1$에서 극솟값 -3을 가지므로

$f'(-1)=f'(1)=0$, $f(-1)=1$, $f(1)=-3$

이다.

$f'(x)=a(x+1)(x-1)=ax^2-a$ (a는 상수)라 하면

$f(x)=\displaystyle\int(ax^2-a)dx$

   $=\dfrac{a}{3}x^3-ax+C$ (단, C는 적분상수)

에서

$f(-1)=-\dfrac{a}{3}+a+C$

   $=\dfrac{2}{3}a+C=1$ ……㉠

$f(1)=\dfrac{a}{3}-a+C$

   $=-\dfrac{2}{3}a+C=-3$ ……㉡

㉠, ㉡에서 $a=3$, $C=-1$

따라서

$f(x)=x^3-3x-1$

$f(3)=27-9-1=17$

답 ④

수능의 감을 쑥쑥 키워주는 수능 유제 본문 56~57쪽

13-1	⑤	13-2	39	13-3	①	13-4	⑤

13-1

$F(x)=xf(x)+x^4+x^2+4$의 양변을 x에 대하여 미분하면

$\dfrac{d}{dx}F(x)=\dfrac{d}{dx}\{xf(x)+x^4+x^2+4\}$

$f(x)=f(x)+xf'(x)+4x^3+2x$

$f'(x)=-4x^2-2$

위의 식의 양변을 x에 대하여 적분하면

$$f(x) = \int (-4x^2 - 2)dx$$

$$= -\frac{4}{3}x^3 - 2x + C \text{ (단, } C\text{는 적분상수)}$$

$f(0) = 3$에서 $C = 3$

즉, $f(x) = -\frac{4}{3}x^3 - 2x + 3$이므로

$$f(-3) = 36 + 6 + 3$$
$$= 45$$

답 ⑤

13-2

$f(x+y) = f(x) + f(y) + 4xy(x+y) + 3$에

$x = 0, y = 0$을 대입하면

$f(0) = -3$

조건 (나)에서 $f'(0) = 2$이므로

$$f'(x) = \lim_{h \to 0} \frac{f(x+h) - f(x)}{h}$$

$$= \lim_{h \to 0} \frac{f(h) + 4xh(x+h) + 3}{h}$$

$$= \lim_{h \to 0} \frac{4xh(x+h) + f(h) - f(0)}{h}$$

$$= 4x^2 + f'(0)$$

$$= 4x^2 + 2$$

$$f(x) = \int (4x^2 + 2)dx$$

$$= \frac{4}{3}x^3 + 2x + C \text{ (단, } C\text{는 적분상수)}$$

$f(0) = -3$이므로

$C = -3$

따라서 $f(x) = \frac{4}{3}x^3 + 2x - 3$이므로

$$f(3) = 36 + 6 - 3$$
$$= 39$$

답 39

13-3

$f'(x) = \begin{cases} 2x - 1 & (x > 1) \\ a & (x < 1) \end{cases}$에서

$f(x) = \begin{cases} x^2 - x + C_1 & (x > 1) \\ ax + C_2 & (x < 1) \end{cases}$ (단, C_1, C_2는 적분상수)

$f(0) = 2, f(3) = 5$에서

$f(0) = C_2 = 2$

$f(3) = 9 - 3 + C_1 = 5, C_1 = -1$

따라서

$f(x) = \begin{cases} x^2 - x - 1 & (x > 1) \\ ax + 2 & (x < 1) \end{cases}$

이때 함수 $f(x)$가 $x = 1$에서 연속이려면

$f(1) = \lim\limits_{x \to 1+} f(x) = \lim\limits_{x \to 1-} f(x)$이어야 하므로

$f(1) = \lim\limits_{x \to 1+} (x^2 - x - 1) = \lim\limits_{x \to 1-} (ax + 2)$에서

$f(1) = 1 - 1 - 1 = a + 2$

$a = -3$

답 ①

13-4

(가) $\dfrac{d}{dx} \displaystyle\int f'(x)dx = 3x^2 + 4x + a$에서

$f'(x) = 3x^2 + 4x + a$ ...... ㉠

(나) $\lim\limits_{x \to 1} \dfrac{f(x)}{x-1} = 2a + 1$에서

$x \to 1$일 때, (분모) $\to 0$이고 극한값이 존재하므로

(분자) $\to 0$이어야 한다.

즉, $\lim\limits_{x \to 1} f(x) = 0$이므로 $f(1) = 0$

이때

$$\lim_{x \to 1} \frac{f(x)}{x-1} = \lim_{x \to 1} \frac{f(x) - f(1)}{x-1}$$

$$= f'(1) = 2a + 1$$

이므로 ㉠에서

$f'(1) = 7 + a = 2a + 1$

$a = 6$

즉, $f'(x) = 3x^2 + 4x + 6$이므로

$$f(x) = \int f'(x)dx$$

$$= \int (3x^2 + 4x + 6)dx$$

$$= x^3 + 2x^2 + 6x + C \text{ (단, } C\text{는 적분상수)}$$

이고

$f(1) = 1 + 2 + 6 + C = 0$

이므로

$C = -9$

따라서 $f(x) = x^3 + 2x^2 + 6x - 9$이므로

$$f(2) = 8 + 8 + 12 - 9$$
$$= 19$$

답 ⑤

14 정적분의 성질과 계산

$\int_a^b (x+k)^2 f(x)dx$

$=k^2 \int_a^b f(x)dx + 2k\int_a^b xf(x)dx + \int_a^b x^2 f(x)dx$

$\int_a^b f(x)dx=5$, $\int_a^b xf(x)dx=-10$이고

$\int_a^b (x^2+2)f(x)dx=-15$에서

$\int_a^b x^2 f(x)dx + 2\int_a^b f(x)dx = -15$

$\int_a^b x^2 f(x)dx = -2\int_a^b f(x)dx - 15$

$\qquad\qquad\quad = -2\times 5 - 15 = -25$

따라서

$\int_a^b (x+k)^2 f(x)dx = 5k^2 - 20k - 25$

$\qquad\qquad\qquad\quad = 5(k-2)^2 - 45$

즉, $k=2$일 때 $\int_a^b (x+k)^2 f(x)dx$는 최솟값 -45를 갖는다.

따라서 $a=2$, $m=-45$이므로

$a-m=47$

답 ④

수능의 감을 쏙쏙 키워주는 수능 유제						본문 60~61쪽
14-1	④	14-2	③	14-3	30	14-4	②

14-1

$\int_1^4 f(x)dx - \int_2^4 f(x)dx + \int_{-1}^1 f(x)dx$

$= \int_{-1}^1 f(x)dx + \int_1^4 f(x)dx - \int_2^4 f(x)dx$

$= \int_{-1}^4 f(x)dx + \int_4^2 f(x)dx$

$= \int_{-1}^2 f(x)dx$

$= \int_{-1}^2 (x^2-4x+3)dx$

$= \left[\frac{1}{3}x^3 - 2x^2 + 3x \right]_{-1}^2$

$= \left(\frac{8}{3} - 8 + 6 \right) - \left(-\frac{1}{3} - 2 - 3 \right)$

$= 6$

답 ④

14-2

$f(x)=\begin{cases} 3x-1 & (x\geq 1) \\ x+1 & (x<1) \end{cases}$에서

$\int_{-2}^2 f(x)dx = \int_{-2}^1 (x+1)dx + \int_1^2 (3x-1)dx$

$= \left[\frac{1}{2}x^2 + x \right]_{-2}^1 + \left[\frac{3}{2}x^2 - x \right]_1^2$

$= \left\{ \left(\frac{1}{2}+1 \right) - (2-2) \right\} + \left\{ (6-2) - \left(\frac{3}{2}-1 \right) \right\}$

$= 5$

답 ③

14-3

함수 $f(x)$는 $x=0$과 $x=2$에서 극값을 가지므로
$f'(0)=f'(2)=0$이고 삼차함수 $y=f(x)$는 최고차항의 계수가 양수이므로 함수 $y=f'(x)$의 그래프는 그림과 같다.

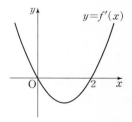

따라서

$\int_{-3}^2 |f'(x)|dx$

$= \int_{-3}^0 |f'(x)|dx + \int_0^2 |f'(x)|dx$

$= \int_{-3}^0 f'(x)dx + \int_0^2 \{-f'(x)\}dx$

$= \left[f(x) \right]_{-3}^0 + \left[-f(x) \right]_0^2$

$= \{f(0)-f(-3)\} + \{-f(2)+f(0)\}$

$= 2f(0) - \{f(-3)+f(2)\}$

$= 2f(0) - 2 = 58$

따라서 $2f(0)=60$이므로 $f(0)=30$이다.

답 30

|다른 풀이|

$f'(x)=ax(x-2)\ (a>0)$이라 하면

$\int_{-3}^2 |f'(x)|dx = a\int_{-3}^0 x(x-2)dx - a\int_0^2 x(x-2)dx$

$\qquad\qquad = a\int_{-3}^0 (x^2-2x)dx - a\int_0^2 (x^2-2x)dx$

$\qquad\qquad = a\left[\frac{1}{3}x^3 - x^2 \right]_{-3}^0 - a\left[\frac{1}{3}x^3 - x^2 \right]_0^2$

$$=18a+\frac{4}{3}a$$

$$=\frac{58}{3}a=58$$

따라서 $a=3$이므로

$$f'(x)=3x(x-2)=3x^2-6x$$

즉, $f(x)=x^3-3x^2+C$ (단, C는 적분상수)

이때

$$f(-3)+f(2)=-54+C-4+C$$

$$=-58+2C=2$$

$$2C=60,\ C=30$$

따라서 $f(x)=x^3-3x^2+30$이므로

$$f(0)=30$$

14-4

$f'(x)=3x^2-2x+1=3\left(x-\frac{1}{3}\right)^2+\frac{2}{3}$에서

모든 실수 x에 대하여 $f'(x)>0$이므로 함수 $f(x)$는 실수 전체의 집합에서 증가한다.

$0\leq a\leq4$에서

$$g(a)=\int_0^a\{-f(x)+f(a)\}dx+\int_a^4\{f(x)-f(a)\}dx$$

$$=\left[-\frac{x^4}{4}+\frac{x^3}{3}-\frac{x^2}{2}+f(a)x\right]_0^a$$

$$\qquad\qquad+\left[\frac{x^4}{4}-\frac{x^3}{3}+\frac{x^2}{2}-f(a)x\right]_a^4$$

$$=2\left\{-\frac{a^4}{4}+\frac{a^3}{3}-\frac{a^2}{2}+af(a)\right\}+\frac{152}{3}-4f(a)$$

이므로

$$g'(a)=2\{-a^3+a^2-a+f(a)+af'(a)\}-4f'(a)$$

$$=2\{-a^3+a^2-a+a^3-a^2+a+af'(a)\}-4f'(a)$$

$$=2af'(a)-4f'(a)$$

$$=2(a-2)f'(a)$$

이고, $f'(a)>0$이므로 $g'(a)=0$에서 $a=2$

따라서 $g(a)$의 증가와 감소를 조사하면 $g(a)$는 $a=2$에서 극소이면서 최솟값

$$g(2)=2\left\{-4+\frac{8}{3}-2+2f(2)\right\}+\frac{152}{3}-4f(2)$$

$$=44$$

를 갖는다.

답 ②

15 함수의 성질을 이용한 정적분

수능 유형 체크   본문 63쪽

모든 실수 x에 대하여 $f(-x)=f(x)$이므로

$$\int_0^2 f(x)dx=\int_{-2}^0 f(x)dx=12$$

모든 실수 x에 대하여 $g(-x)=-g(x)$이므로

$$\int_0^2 g(x)dx=-\int_{-2}^0 g(x)dx$$

$$=-\left(-\int_0^{-2}g(x)dx\right)=8$$

따라서

$$\int_0^2\{3f(x)-2g(x)\}dx=3\int_0^2 f(x)dx-2\int_0^2 g(x)dx$$

$$=3\times12-2\times8$$

$$=20$$

답 ②

수능의 감을 쑥쑥 키워주는 수능 유제   본문 64~65쪽

| 15-1 | ⑤ | 15-2 | ① | 15-3 | 32 | 15-4 | ③ |

15-1

$$\int_{-2}^2 f(x)dx=\int_{-2}^2(2x^3+3x^2-x-3)dx$$

$$=2\int_0^2(3x^2-3)dx$$

$$=2\left[x^3-3x\right]_0^2$$

$$=2\times(8-6)$$

$$=4$$

$$\int_{-1}^1 xf(x)dx=\int_{-1}^1(2x^4+3x^3-x^2-3x)dx$$

$$=2\int_0^1(2x^4-x^2)dx$$

$$=2\left[\frac{2}{5}x^5-\frac{1}{3}x^3\right]_0^1$$

$$=2\times\left(\frac{2}{5}-\frac{1}{3}\right)$$

$$=\frac{2}{15}$$

이므로

$$\left\{\int_{-2}^{2} f(x)dx\right\}^2 = a\int_{-1}^{1} xf(x)dx$$

에서 $16 = \dfrac{2}{15}a$

따라서 $a=120$

답 ⑤

15-2

$f(x)=2x^3-8x$의 그래프는 원점에 대하여 대칭이므로
조건 (가)에서

$$\int_{-2}^{2} f(x)dx = \int_{-2}^{2} (2x^3-8x)dx$$
$$= 0$$

조건 (나)에 의해

$$\int_{-2}^{2} f(x)dx = \int_{-6}^{-2} f(x)dx$$
$$= \int_{-10}^{-6} f(x)dx$$
$$= 0$$

$$\int_{-2}^{2} f(x)dx = \int_{2}^{6} f(x)dx$$
$$= \int_{6}^{10} f(x)dx$$
$$= \cdots = \int_{34}^{38} f(x)dx = 0$$

따라서

$$\int_{-10}^{40} f(x)dx = \int_{-10}^{-6} f(x)dx + \int_{-6}^{-2} f(x)dx + \int_{-2}^{2} f(x)dx$$
$$\qquad\qquad + \cdots + \int_{34}^{38} f(x)dx + \int_{38}^{40} f(x)dx$$
$$= \int_{38}^{40} f(x)dx$$
$$= \int_{-2}^{0} f(x)dx$$
$$= \int_{-2}^{0} (2x^3-8x)dx$$
$$= \left[\frac{1}{2}x^4 - 4x^2\right]_{-2}^{0}$$
$$= 0-(8-16)$$
$$= 8$$

답 ①

15-3

모든 실수 x에 대하여 $f(-x)=-f(x)$이므로 $g(x)=xf(x)$라 하면

$$g(-x)=-xf(-x)=-x\{-f(x)\}=xf(x)=g(x)$$

이므로 함수 $y=xf(x)$의 그래프는 y축에 대하여 대칭이다.
또한, $h(x)=x^2f(x)$라 하면

$$h(-x)=(-x)^2f(-x)=x^2\{-f(x)\}=-x^2f(x)=-h(x)$$

이므로 함수 $y=x^2f(x)$의 그래프는 원점에 대하여 대칭이다.
따라서

$$\int_{-2}^{2} (x^2+2x)f(x)dx = \int_{-2}^{2} x^2f(x)dx + 2\int_{-2}^{2} xf(x)dx$$
$$= 0 + 4\int_{0}^{2} xf(x)dx$$
$$= 4 \times 8$$
$$= 32$$

답 32

15-4

(가)에서 모든 실수 x에 대하여 $f(x)=f(x+4)$이므로

$$f(x+20)=f(x+16)=\cdots=f(x+4)=f(x)$$

따라서

$$\int_{1}^{2} f(x+20)dx = \int_{1}^{2} f(x)dx$$

(나)에서 $\dfrac{f(1+x)+f(1-x)}{2}=0$이므로 $-1\le x\le 3$에서 함수 $y=f(x)$의 그래프는 점 $(1,\,0)$에 대하여 대칭이다.

(다)에서 $\displaystyle\int_{1}^{3} f(x)dx=-6$이므로 $\displaystyle\int_{-1}^{1} f(x)dx=6$

한편, $\displaystyle\int_{-1}^{2} f(x)dx=18$이므로

$$\int_{1}^{2} f(x)dx = \int_{-1}^{2} f(x)dx - \int_{-1}^{1} f(x)dx$$
$$= 18-6$$
$$= 12$$

답 ③

16 정적분으로 표현된 함수

수능 유형 체크

$$f(x)=\int_1^x (4t^2+at+3)dt \qquad \cdots\cdots \ \bigcirc$$

㉠의 양변을 x에 대하여 미분하면

$$f'(x)=4x^2+ax+3$$

㉠의 양변에 $x=1$을 대입하면

$$f(1)=0$$

$$\lim_{x\to 1}\frac{f(x)}{x^2-1}=\lim_{x\to 1}\frac{f(x)-f(1)}{(x+1)(x-1)}$$

$$=\lim_{x\to 1}\frac{1}{x+1}\times\lim_{x\to 1}\frac{f(x)-f(1)}{x-1}$$

$$=\frac{1}{2}f'(1)=4$$

에서 $f'(1)=8$

즉, $f'(1)=4+a+3=8$

따라서 $a=1$

답 ③

수능의 감을 쑥쑥 키워주는 수능 유제   본문 68~69쪽

16-1	⑤	16-2	①	16-3	④	16-4	①

16-1

$$\int_2^x f(t)dt=x^4-4x^3+ax$$

의 양변에 $x=2$를 대입하면

$$0=16-32+2a$$

$$a=8$$

$$\int_2^x f(t)dt=x^4-4x^3+8x \qquad \cdots\cdots \ \bigcirc$$

㉠의 양변을 x에 대하여 미분하면

$$f(x)=4x^3-12x^2+8$$

따라서

$$f(2)=32-48+8$$

$$=-8$$

답 ⑤

16-2

$$\int_0^x f(t)dt=2x^3+x^2\int_1^2 f(t)dt$$

의 양변을 x에 대하여 미분하면

$$f(x)=6x^2+2x\int_1^2 f(t)dt$$

$$\int_1^2 f(t)dt=a \ (a는\ 상수)라\ 하면$$

$$f(x)=6x^2+2ax이므로$$

$$\int_1^2 (6t^2+2at)dt=a$$

$$\Big[2t^3+at^2\Big]_1^2=a$$

$$(16+4a)-(2+a)=a$$

$$14+3a=a,\ a=-7$$

따라서 $f(x)=6x^2-14x$이므로

$$f(3)=54-42=12$$

답 ①

16-3

$$\int_{-1}^x f(t)dt=xf(x)+3x^2-4x^3 \qquad \cdots\cdots \ \bigcirc$$

㉠의 양변을 x에 대하여 미분하면

$$f(x)=f(x)+xf'(x)+6x-12x^2$$

$$f'(x)=12x-6$$

$$f(x)=\int f'(x)dx=\int (12x-6)dx$$

$$=6x^2-6x+C \ (단,\ C는\ 적분상수) \qquad \cdots\cdots \ \bigcirc$$

㉠의 양변에 $x=-1$을 대입하면

$$0=-f(-1)+3+4이므로\ f(-1)=7$$

㉡에서 $f(-1)=6+6+C=7$이므로 $C=-5$

따라서 $f(x)=6x^2-6x-5$

ㄱ. $f(0)=-5$ (참)

ㄴ. $f'(x)=12x-6=0$에서 $x=\dfrac{1}{2}$

함수 $f(x)$의 증가와 감소를 표로 나타내면 오른쪽과 같다.

x	$\cdots$	$\dfrac{1}{2}$	$\cdots$
$f'(x)$	$-$	0	$+$
$f(x)$	$\searrow$	극소	$\nearrow$

그러므로 구간 $\left(0,\dfrac{1}{2}\right)$에서 $f(x)$는 감소하고, 구간 $\left(\dfrac{1}{2},1\right)$에서 $f(x)$는 증가한다. (거짓)

28 EBS 수능 감 잡기 – 수학Ⅱ

ㄷ. $f(x)=6x^2-6x-5$이므로

$g(x)=6x^3-6x^2-5x$

$g'(x)=18x^2-12x-5$

이차방정식 $g'(x)=0$의 판별식을 D라 하면

$\dfrac{D}{4}=36+90=126>0$

이므로 방정식 $g'(x)=0$은 서로 다른 두 실근을 가진다.

그러므로 삼차함수 $g(x)$는 극댓값과 극솟값을 갖는다. (참)

따라서 옳은 것은 ㄱ, ㄷ이다.

🖪 ④

16-4

모든 실수 x에 대하여 $f(-x)=f(x)$를 만족시키는 이차함수 $y=f(x)$의 그래프는 y축에 대하여 대칭이다. 또한,

$g(x)=\displaystyle\int_0^x (x-t)f(t)dt$

$\qquad =x\displaystyle\int_0^x f(t)dt-\int_0^x tf(t)dt$

의 양변을 x에 대하여 미분하면

$g'(x)=\displaystyle\int_0^x f(t)dt+xf(x)-xf(x)$

$\qquad =\displaystyle\int_0^x f(t)dt$

ㄱ. $g'(0)=\displaystyle\int_0^0 f(t)dt=0$ (참)

ㄴ. $g'(x)=\displaystyle\int_0^x f(t)dt$이고 이차함수 $y=f(x)$의 그래프가 y

축에 대하여 대칭이므로 모든 실수 x에 대하여

$g'(-x)=\displaystyle\int_0^{-x} f(t)dt=-\int_{-x}^0 f(t)dt$

$\qquad =-\displaystyle\int_0^x f(t)dt=-g'(x)$ (거짓)

ㄷ. $g'(0)=0$이고 $g'(-x)=-g'(x)$이므로 $x>0$일 때와 $x<0$일 때의 $g'(x)$의 값의 부호가 달라진다.

즉, $g(x)$는 $x=0$에서 극값을 갖는다. 하지만 $x=0$의 좌우 에서 $g'(x)$의 부호가 양에서 음으로 바뀌는지, 음에서 양으로 바뀌는지 알 수 없다.

즉, 극댓값을 갖는지 극솟값을 갖는지 알 수 없다. (거짓)

따라서 옳은 것은 ㄱ이다.

🖪 ①

---

17 넓이

수능 유형 체크 본문 71쪽

$f(x)=x^3-4x+1$이라 하면 $f'(x)=3x^2-4$

곡선 $y=x^3-4x+1$ 위의 점 $(1,-2)$에서의 접선의 기울기가

$f'(1)=3-4=-1$

이므로 접선의 방정식은

$y-(-2)=(-1)\times(x-1)$

$y=-x-1$

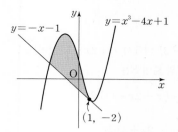

곡선과 접선의 교점의 x좌표를 구하면

$x^3-4x+1=-x-1$, $x^3-3x+2=0$

$(x-1)^2(x+2)=0$에서

$x=-2$ 또는 $x=1$

따라서 구하는 도형의 넓이 S는

$S=\displaystyle\int_{-2}^1 \{(x^3-4x+1)-(-x-1)\}dx$

$\quad =\displaystyle\int_{-2}^1 (x^3-3x+2)dx$

$\quad =\left[\dfrac{1}{4}x^4-\dfrac{3}{2}x^2+2x\right]_{-2}^1$

$\quad =\left(\dfrac{1}{4}-\dfrac{3}{2}+2\right)-(4-6-4)$

$\quad =\dfrac{3}{4}+6$

$\quad =\dfrac{27}{4}$

🖪 ③

수능의 감을 쑥쑥 키워주는 수능 유제							본문 72~73쪽
17-1	①	17-2	③	17-3	①	17-4	④

17-1

곡선 $y=x^2+2x-1$과 직선 $y=2$의 교점의 x좌표는

$x^2+2x-1=2$, $x^2+2x-3=0$

$(x+3)(x-1)=0$에서

$x=-3$ 또는 $x=1$

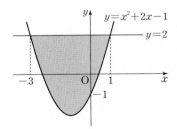

닫힌구간 $[-3,\ 1]$에서 $x^2+2x-1\le2$이므로
구하는 도형의 넓이 S는

$$S=\int_{-3}^{1}\{2-(x^2+2x-1)\}dx$$

$$=\int_{-3}^{1}(-x^2-2x+3)dx$$

$$=\left[-\frac{x^3}{3}-x^2+3x\right]_{-3}^{1}$$

$$=\left(-\frac{1}{3}-1+3\right)-(9-9-9)$$

$$=\frac{5}{3}+9$$

$$=\frac{32}{3}$$

답 ①

17-2

주어진 그림에서 색칠한 두 부분의 넓이가 서로 같으므로

$$\int_{0}^{4}\{x^2(x-4)-ax(x-4)\}dx=0$$

즉, $\int_{0}^{4}\{x^3-(4+a)x^2+4ax\}dx=0$에서

$$\left[\frac{x^4}{4}-\frac{4+a}{3}x^3+2ax^2\right]_{0}^{4}=64-\frac{4+a}{3}\times64+32a$$

$$=-\frac{64}{3}+\frac{32}{3}a=0$$

따라서 $a=2$

답 ③

17-3

점 $\mathrm{A}(0,\ a)$에서 곡선 $y=x^2$에 접선을 그을 때, 한 접점의 좌표를 $(t,\ t^2)$ $(t>0)$이라 하면

$y=x^2$에서 $y'=2x$이므로

구하는 접선의 방정식은

$y-t^2=2t(x-t)$, $y=2tx-t^2$

따라서 두 접선과 곡선 $y=x^2$으로 둘러싸인 도형의 넓이 S는

$$S=2\int_{0}^{t}(x^2-2tx+t^2)dx$$

$$=2\left[\frac{1}{3}x^3-tx^2+t^2x\right]_{0}^{t}$$

$$=\frac{2}{3}t^3=18$$

$t=3$

한편, 접선 $y=2tx-t^2$이 점 $\mathrm{A}(0,\ a)$를 지나므로

$a=-t^2=-3^2$

$\ \ =-9$

답 ①

17-4

(나)에 의해

$f'(x)=ax(x+2)(x-2)$

$\qquad\ \ =a(x^3-4x)\ (a>0)$

이라 하면

$$f(x)=\int f'(x)dx$$

$$=a\int(x^3-4x)dx$$

$$=a\left(\frac{1}{4}x^4-2x^2\right)+C\ (단,\ C는\ 적분상수)$$

한편, $f'(x)$의 부호는 $x=0$의 좌우에서 양에서 음으로 바뀌므로 $f(x)$는 $x=0$에서 극댓값을 갖는다.

(다)에서 $f(0)=C=4$

즉, $f(x)=a\left(\frac{1}{4}x^4-2x^2\right)+4$

(가)에서 곡선 $y=f(x)$는 점 $(2,\ 0)$을 지나므로

$f(2)=a(4-8)+4$

$\qquad\ \ =-4a+4=0$

$a=1$

따라서 $f(x)=\frac{1}{4}x^4-2x^2+4$이다.

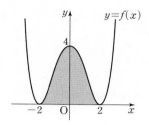

위의 그림에서 곡선 $y=f(x)$와 x축으로 둘러싸인 부분의 넓이를 S라 하면

$$S=\int_{-2}^{2} f(x)\,dx$$

$$=\int_{-2}^{2}\left(\frac{1}{4}x^4-2x^2+4\right)dx$$

$$=2\int_{0}^{2}\left(\frac{1}{4}x^4-2x^2+4\right)dx$$

$$=2\left[\frac{1}{20}x^5-\frac{2}{3}x^3+4x\right]_{0}^{2}$$

$$=2\left\{\left(\frac{8}{5}-\frac{16}{3}+8\right)-0\right\}$$

$$=\frac{128}{15}$$

답 ④

18 속도와 거리

수능 유형 체크   본문 75쪽

$v(t)<0$에서

$v(t)=t^2-5t+4<0$

$(t-1)(t-4)<0$

즉, $1<t<4$

따라서 점 P가 처음 출발할 때의 방향과 반대 방향으로 움직인 거리는

$$\int_{1}^{4}|t^2-5t+4|\,dt$$

$$=\int_{1}^{4}(-t^2+5t-4)\,dt$$

$$=\left[-\frac{1}{3}t^3+\frac{5}{2}t^2-4t\right]_{1}^{4}$$

$$=\left(-\frac{64}{3}+40-16\right)-\left(-\frac{1}{3}+\frac{5}{2}-4\right)$$

$$=\frac{9}{2}$$

답 ③

수능의 감을 쓱쓱 키워주는 수능 유제							본문 76~77쪽
18-1	②	18-2	④	18-3	③	18-4	③

18-1

수직선 위를 움직이는 점 P의 시각 t ($t\geq0$)에서의 위치 x가

$x=t^3+at^2$

이므로 시각 t에서 점 P의 속도 $v(t)$는

$$v(t)=\frac{dx}{dt}=3t^2+2at$$

$$v(2)=12+4a=0$$

$$a=-3$$

따라서 $v(t)=\dfrac{dx}{dt}=3t^2-6t$이므로

$t=0$에서 $t=2$까지 점 P의 움직인 거리는

$$\int_{0}^{2}|v(t)|\,dt=\int_{0}^{2}|3t^2-6t|\,dt$$

$$=\int_{0}^{2}(6t-3t^2)\,dt$$

$$=\left[3t^2-t^3\right]_{0}^{2}$$

$$=12-8=4$$

답 ②

18-2

원점을 출발하여 수직선 위를 움직이는 점 P의 시각 t에서의 위치를 $x(t)$라 하면

$$x(t)=0+\int_{0}^{t}(3-2t)\,dt$$

$$=\left[3t-t^2\right]_{0}^{t}$$

$$=3t-t^2$$

$$=-t(t-3)$$

이때 $x(t)=0$에서 $t=0$ 또는 $t=3$이므로 점 P는 $t=3$일 때 다시 원점을 지난다.

따라서 점 P가 다시 원점을 지날 때까지 움직인 거리는

$$\int_{0}^{3}|3-2t|\,dt=\int_{0}^{\frac{3}{2}}(3-2t)\,dt+\int_{\frac{3}{2}}^{3}(2t-3)\,dt$$

$$=\left[3t-t^2\right]_{0}^{\frac{3}{2}}+\left[t^2-3t\right]_{\frac{3}{2}}^{3}$$

$$=\left(\frac{9}{2}-\frac{9}{4}\right)+\left\{(9-9)-\left(\frac{9}{4}-\frac{9}{2}\right)\right\}$$

$$=\frac{9}{4}+\frac{9}{4}=\frac{9}{2}$$

답 ④

18-3

원점을 출발한 후 $t=a\,(a>0)$에서 두 점 P, Q가 다시 만난다고 하면

$$\int_0^a t\,dt=\int_0^a(-3t^2+6t)\,dt$$

$$\left[\frac{1}{2}t^2\right]_0^a=\left[-t^3+3t^2\right]_0^a$$

$$\frac{1}{2}a^2=-a^3+3a^2,\ a^3-\frac{5}{2}a^2=0$$

$$a^2\left(a-\frac{5}{2}\right)=0에서$$

$a>0$이므로 $a=\dfrac{5}{2}$

따라서 두 점 P, Q는 출발한 후 $t=\dfrac{5}{2}$일 때 다시 만난다.

두 점 P, Q가 원점을 출발한 후 $t=\dfrac{5}{2}$가 될 때까지 움직인 거리는 각각

$$A=\int_0^{\frac{5}{2}}|t|\,dt$$
$$=\left[\frac{1}{2}t^2\right]_0^{\frac{5}{2}}=\frac{25}{8}$$

$$B=\int_0^{\frac{5}{2}}|-3t^2+6t|\,dt$$
$$=\int_0^{\frac{5}{2}}|-3t(t-2)|\,dt$$
$$=\int_0^2(-3t^2+6t)\,dt+\int_2^{\frac{5}{2}}(3t^2-6t)\,dt$$
$$=\left[-t^3+3t^2\right]_0^2+\left[t^3-3t^2\right]_2^{\frac{5}{2}}$$
$$=\{(-8+12)-0\}+\left\{\left(\frac{125}{8}-\frac{75}{4}\right)-(8-12)\right\}$$
$$=4+\frac{7}{8}=\frac{39}{8}$$

따라서

$$A+B=\frac{25}{8}+\frac{39}{8}=\frac{64}{8}=8$$

답 ③

18-4

$t=2$일 때, 점 P의 위치가 $\dfrac{20}{3}$이므로

$$\int_0^2 v(t)\,dt=\frac{20}{3}$$

$$\int_0^2(at^2+bt)\,dt=\left[\frac{a}{3}t^3+\frac{b}{2}t^2\right]_0^2$$
$$=\frac{8}{3}a+2b=\frac{20}{3}$$

$$4a+3b=10 \qquad\qquad \cdots\cdots\ \text{㉠}$$

$t=2$에서 점 P의 운동 방향이 바뀌므로

$$v(2)=0$$
$$v(2)=4a+2b=0$$
$$2a+b=0 \qquad\qquad \cdots\cdots\ \text{㉡}$$

㉠, ㉡에서

$a=-5,\ b=10$

$$v(t)=-5t^2+10t$$

따라서 시각 $t=0$에서 $t=3$까지 점 P가 움직인 거리는

$$\int_0^3|v(t)|\,dt=\int_0^3|-5t^2+10t|\,dt$$
$$=\int_0^2(-5t^2+10t)\,dt+\int_2^3(5t^2-10t)\,dt$$
$$=\left[-\frac{5}{3}t^3+5t^2\right]_0^2+\left[\frac{5}{3}t^3-5t^2\right]_2^3$$
$$=\left\{\left(-\frac{40}{3}+20\right)-0\right\}+\left\{(45-45)-\left(\frac{40}{3}-20\right)\right\}$$
$$=\frac{40}{3}$$

답 ③

최신 교재도, 지난 교재도 한눈에!
EBS 공식 네이버 스마트스토어!

EBS
북스토어
OPEN

EBS 북스토어 🔍

https://smartstore.naver.com/ebsmain

EBS

수능감[感]잡기

수학영역
수학 II

정답과
풀이

고1~2 내신 중점 로드맵

과목	고교 입문	기초	기본	특화	+	단기
국어	고등 예비 과정	내 등급은?	윤혜정의 개념의 나비효과 입문 편/워크북 / 어휘가 독해다!	**기본서** 올림포스 / 올림포스 전국연합 학력평가 기출문제집	**국어 특화** 국어 독해의 원리 / 국어 문법의 원리		단기 특강
영어			정승익의 수능 개념 잡는 대박구문 / 주혜연의 해석공식 논리 구조편	**유형서** 올림포스 유형편	**영어 특화** Grammar POWER / Reading POWER / Listening POWER / Voca POWER		
수학			**기초** 50일 수학 / 매쓰 디렉터의 고1 수학 개념 끝장내기		**고급** 올림포스 고난도		
한국사 사회		**인공지능** 수학과 함께하는 고교 AI 입문 / 수학과 함께하는 AI 기초	**기본서** 개념완성 / 개념완성 문항편	**수학 특화** 수학의 왕도 / 고등학생을 위한 多담은 한국사 연표		
과학						

과목	시리즈명	특징	수준	권장 학년
전과목	고등예비과정	예비 고등학생을 위한 과목별 단기 완성	●	예비 고1
	내 등급은?	고1 첫 학력평가+반 배치고사 대비 모의고사	●	예비 고1
국/수/영	올림포스	내신과 수능 대비 EBS 대표 국어·수학·영어 기본서	●	고1~2
	올림포스 전국연합학력평가 기출문제집	전국연합학력평가 문제 + 개념 기본서	●	고1~2
	단기 특강	단기간에 끝내는 유형별 문항 연습	●	고1~2
한/사/과	개념완성 & 개념완성 문항편	개념 한 권+문항 한 권으로 끝내는 한국사·탐구 기본서	●	고1~2
국어	윤혜정의 개념의 나비효과 입문 편/워크북	윤혜정 선생님과 함께 시작하는 국어 공부의 첫걸음	●	예비 고1~고2
	어휘가 독해다!	학평·모평·수능 출제 필수 어휘 학습	●	예비 고1~고2
	국어 독해의 원리	내신과 수능 대비 문학·독서(비문학) 특화서	●	고1~2
	국어 문법의 원리	필수 개념과 필수 문항의 언어(문법) 특화서	●	고1~2
영어	정승익의 수능 개념 잡는 대박구문	정승익 선생님과 CODE로 이해하는 영어 구문	●	예비 고1~고2
	주혜연의 해석공식 논리 구조편	주혜연 선생님과 함께하는 유형별 지문 독해	●	예비 고1~고2
	Grammar POWER	구문 분석 트리로 이해하는 영어 문법 특화서	●	고1~2
	Reading POWER	수준과 학습 목적에 따라 선택하는 영어 독해 특화서	●	고1~2
	Listening POWER	수준별 수능형 영어듣기 모의고사	●	고1~2
	Voca POWER	영어 교육과정 필수 어휘와 어원별 어휘 학습	●	고1~2
수학	50일 수학	50일 만에 완성하는 중학~고교 수학의 맥	●	예비 고1~고2
	매쓰 디렉터의 고1 수학 개념 끝장내기	스타강사 강의, 손글씨 풀이와 함께 고1 수학 개념 정복	●	예비 고1~고1
	올림포스 유형편	유형별 반복 학습을 통해 실력 잡는 수학 유형서	●	고1~2
	올림포스 고난도	1등급을 위한 고난도 유형 집중 연습	●	고1~2
	수학의 왕도	직관적 개념 설명과 세분화된 문항 수록 수학 특화서	●	고1~2
한국사	고등학생을 위한 多담은 한국사 연표	연표로 흐름을 잡는 한국사 학습	●	예비 고1~고2
기타	수학과 함께하는 고교 AI 입문/AI 기초	파이선 프로그래밍, AI 알고리즘에 필요한 수학 개념 학습	●	예비 고1~고2